# JOSÉ ANTONIO

Gilles MAUGER

# JOSÉ ANTONIO
## Chef et Martyr

Préface d'Alain Escada
Postface d'Hélène Grimaldi

Reconquista Press

*José Antonio : chef et martyr*
Initialement paru aux Nouvelles Éditions Latines en 1955

© 2018 Reconquista Press
www.reconquistapress.com

ISBN : 978-0-9933993-8-1

# PRÉFACE

« (...) c'est approuver l'erreur que de ne pas y résister,
c'est étouffer la vérité que de ne pas la défendre »
Saint Pie X

C'EST un honneur pour moi de préfacer la réédition de ce livre de Gilles Mauger et de pouvoir de la sorte rendre un hommage public à José Antonio Primo de Rivera.

Trop peu de nos contemporains francophones connaissent José Antonio Primo de Rivera, chef de la Phalange espagnole. Et parmi ceux qui croient le connaître, beaucoup n'ont de lui qu'une image frelatée, souvent influencée par la réécriture de l'histoire de la Guerre d'Espagne par l'idéologie gauchiste, internationaliste et athée qui domine aujourd'hui dans la presse, au cinéma, à la télévision, au théâtre et dans l'Éducation nationale.

Même au sein des nationalistes, la plupart ne perçoivent qu'une part très réduite de la personnalité de José Antonio Primo de Rivera et de la doctrine de son mouvement politique, passant trop fréquemment à côté de la Foi fervente qui l'animait et de la nature profondément catholique du programme qu'il défendait.

Or, de la même façon que Jeanne d'Arc n'est plus Jeanne d'Arc si on occulte la dimension religieuse de l'épopée de cette sainte héroïne française, José Antonio Primo de Rivera et la Phalange sont dénaturés si on écarte la dimension religieuse de leur engagement. La remarque vaut d'ailleurs également pour le chef politique belge Léon Degrelle et son mouvement REX car le rexisme n'est plus le rexisme si on ne comprend pas que ce mouvement politique belge des années trente avait pour ligne conductrice la volonté d'appliquer l'encyclique *Quas Primas* et d'œuvrer pour le règne du Christ-Roi sur la société ; un logo *Christus Rex* étant d'ailleurs l'emblème rexiste, après avoir été celui de la maison d'édition confiée à Léon Degrelle par M$^{gr}$ Picard et l'abbé Norbert Wallez.

Pour en revenir à José Antonio Primo de Rivera, cette belle figure du catholicisme espagnol a de quoi édifier la jeunesse française. À plus d'un titre, il existe même un parallèle intéressant à faire entre l'Espagnol José Antonio Primo de Rivera et les Français Albert de Mun (1841-1914) et René de La Tour du Pin (1834-1924). Ces trois hommes sont des catholiques sociaux, sincèrement soucieux de justice sociale et attentifs au sort des plus humbles de leurs compatriotes. Tous trois sont issus de l'aristocratie — José Antonio Primo de Rivera est un « Grand d'Espagne » —, mais ont compris que leur titre respectif signifie pour eux de plus grands devoirs à assumer, à l'image de la chevalerie médiévale qui promettait lors de son adoubement de protéger la veuve et l'orphelin.

« Nous voulons implanter une justice sociale profonde pour que, sur cette base, les peuples retournent à la suprématie du surnaturel », écrit José Antonio Primo de Rivera.

Bien sûr, comme Albert de Mun et René de La Tour du Pin, José Antonio Primo de Rivera est également un défenseur du corporatisme.

Refusant tout compromis avec la bien-pensance et l'esprit petit-bourgeois, le charismatique et désintéressé chef de la Phalange forme une jeunesse généreuse, affranchie des séductions du matérialisme. Et lorsque la Phalange participe aux élections, c'est sans rien en attendre, dans le seul but d'en profiter pour éveiller les consciences autant qu'elle le peut. Même s'il est élu député, José Antonio Primo de Rivera est sans illusions aucune sur le parlementarisme et affronte avec vigueur et audace la république laïque et franc-maçonne pour Dieu et la Patrie.

Agissant pour le Bien commun de l'Espagne, José Antonio Primo de Rivera accepte très rapidement une vie de sacrifices, renonçant à se marier et fonder une famille, pour se consacrer pleinement à sa mission, lui qui pressent que le temps lui est compté.

Et lorsque vient le moment des persécutions orchestrées par les Rouges, José Antonio Primo de Rivera écarte l'idée avancée par ses proches de se mettre à l'abri, en exil à la frontière portugaise d'où il pourrait continuer à donner ses consignes. Il a mûrement réfléchi : en affrontant le danger, en offrant sa vie, il espère déclencher le sursaut nécessaire au salut de l'Espagne.

Pieux, l'âme en paix, le scapulaire au cou et le crucifix sur la poitrine, il meurt exécuté à trente-trois ans, l'âge du Christ sur la Croix.

Alain Escada

## AVANT-PROPOS

LA PREMIÈRE FOIS que je retournai dans la basilique de l'Escurial après les dures années de la guerre civile et de la guerre mondiale, je m'arrêtai avec un peu d'étonnement, face à l'autel, devant la dalle qui porte ce nom : José Antonio.

Je regardais la tribune d'où Philippe II, de son lit, entendait la messe et je ne saisissais pas le lien entre le passé et le présent. Je ne connaissais la guerre civile qu'à travers une littérature partisane plus soucieuse d'effet dramatique que de vérité et dominée par les accents passionnés et faux d'un Bernanos.

L'année suivante, le hasard d'une flânerie à « la foire du livre », à Madrid, me mit entre les mains une *Anthologie* des pensées de José Antonio. Je fus frappé par la netteté des idées, la valeur littéraire du style et surtout par l'enthousiasme et la passion de justice qui faisaient flamber ces pages. Et maintenant que je connais aussi la vie du jeune chef, la continuité de l'histoire m'apparaît clairement.

Renoncer à tous les avantages de la jeunesse, du rang, de la fortune, aux joies silencieuses de l'étude et de la méditation, à la douceur d'un foyer, se donner totalement à une tâche d'union et de justice, souffrir de la haine et de la brutalité de ceux-là même qu'on veut sauver, être fusillé à 33 ans et accepter la mort avec sa valeur rédemptrice... tel fut José Antonio.

Ainsi, il convient qu'il repose près de la crypte où dorment les rois ; comme un soldat, sur le champ de bataille, il a offert sa vie pour le salut de l'Espagne.

## JOSÉ ANTONIO

Il y a en lui du Cid, de don Quichotte, de saint Ignace de Loyola, de saint Jean de la Croix. Il est un croisé de la Reconquête, un conquérant du Nouveau-Monde, un seigneur de Castille, ami de sainte Thérèse. Mais nous ne sommes pas Espagnols et nous voulons nous placer sur un plan plus haut que le plan national. Le héros, comme l'homme de génie, n'a pas de patrie. C'est peut-être parce que la vie du héros ressemble à celle du Christ, comme une pâle copie à un modèle vivant. Celle de José Antonio plus qu'une autre. Il est mort au même âge, après trois ans de vie publique. Il a voulu l'amour et a recueilli la haine. Condamné par ses propres frères, il n'a eu pour eux que des paroles de pardon. Il a offert sa vie pour les sauver.

Il n'y a pas d'héroïsme vrai sans martyre ; c'est la disparition prématurée de José Antonio qui donne à sa figure une si grande pureté.

La mort l'a soustrait au vertige de l'orgueil que provoque souvent, chez le chef, l'admiration des disciples magnétisés par lui. De plus, il a été emprisonné avant le déclenchement d'une guerre civile atroce ; il n'a pas vu la victoire, pour une grande part résultat de ses efforts. Mais s'il a eu la tâche la plus obscure et la plus difficile, il n'a pas eu la plus délicate, celle qui suit le succès. À ce moment, la hauteur de vue, la générosité, le désintéressement se heurtent, dans la pratique, à des difficultés qui exigent parfois le sacrifice des idées les plus chères et les plus nobles. Alors, à l'enthousiasme des foules qui attendent trop d'un homme, succède le désenchantement, et la rancune suit de près l'amour déçu.

Mais, de la politique, nous n'avons rien à dire. Nous voulons seulement faire connaître un beau caractère d'homme de notre temps. Nous ne parlerons des événements que dans la mesure où il est nécessaire pour comprendre les gestes du héros. Tant de fois, dans sa courte vie publique, il a repoussé l'esprit de parti et proscrit la haine. Une de ses grandes souffrances a été l'incompréhension de beaucoup d'Espagnols.

— Ah ! s'écriait-il douloureusement et naïvement, s'ils voyaient le fond de mon cœur, comme ils viendraient à moi !

## AVANT-PROPOS

À la tombée du jour, lorsqu'on sort de l'Escurial, le paysage rude et ardent s'adoucit avec le déclin de la lumière. Au-dessus du monastère, la montagne dresse, à mi-hauteur, le vert sombre des forêts de pins ; la ligne nette et bleue de la crête se dessine sur le ciel transparent. Alors, toute idée de lutte et de violence se fond en harmonie et en pureté. Et l'on songe à une des plus belles consignes du chef qui fut aussi un poète :
*Ce qui importe, c'est d'être sûr qu'on obéit à une loi d'amour.*

L'Escurial, septembre 1954.

## Chapitre I

# LE PETIT GARÇON AUX YEUX CLAIRS

> *Chaque fois que papa prononce un discours, il nous faut déménager.*

Printemps de Madrid qui fait mentir le proverbe : neuf mois d'hiver, trois mois d'enfer. Les rafales de vent froid, qu'aucun souffle marin ne tempère, deviennent plus rares. Un ciel sans nuages rend le soleil déjà chaud et les cigognes ont retrouvé leur nid, en haut des vieux donjons de Castille.

Dans les larges avenues de la capitale, la jeune verdure abrite les moineaux bavards, et les pigeons effrontés volent autour de la fontaine de Cybèle sans souci de l'agitation qui règne sur la place, au cœur de la ville. C'est le soir. La foule est dense et joyeuse ; les Espagnols ne sont jamais pressés de rentrer chez eux. Les hommes, le pardessus négligemment jeté sur les épaules, s'attardent, flânent, discutent à la terrasse des cafés, rue d'Alcalá et sur la Puerta del Sol[1]. D'autres, plus curieux, font les cent pas sur la place du Palais-Royal, ou sont assis sur le piédestal des statues dont la blancheur tranche sur le vert éclatant des gazons. Ils attendent le retour du jeune Roi qui est allé passer la journée au Pardo[2], heureux d'échapper à des devoirs lourds pour ses dix-sept ans.

---

[1] La Puerta del Sol est une grande place rectangulaire — sans porte — où s'ouvrent une dizaine de rues. C'est vraiment le centre de Madrid.
[2] Le Pardo est un petit palais aux environs proches de Madrid.

## JOSÉ ANTONIO

Assez loin du Palais, la rue de Gênes large, mouvante et plantée d'arbres, s'ouvre sur la place où se dresse la colonne avec la statue du Découvreur[3], dans un quartier aristocratique, à proximité de grandes avenues ombreuses. Les maisons — style régence de Marie-Christine — sont construites en pierre blanche de Castille que le soleil couchant rosit. Elles ont des balcons sculptés et des escaliers de marbre.

### 24 avril 1903

La nuit tombe. Les lampes s'allument. Au rez-de-chaussée d'un de ces immeubles confortables, situé à l'angle d'une rue, une jeune femme met au monde son premier-né. Le père est lieutenant-colonel d'infanterie ; il a trente-trois ans et, bien qu'en Espagne les officiers montent vite en grade, celui-ci est parmi les plus jeunes.

Les Primo de Rivera sont de vieille noblesse andalouse, originaire de Jerez de la Frontera, dans la province de Cadix, et aussi de la province de Séville. La plupart sont des militaires qui, après de dures campagnes, reviennent cultiver leurs vignes et exploiter leurs oliviers. Le grand homme est l'oncle Fernando qui s'est illustré dans la Seconde Guerre carliste[4] et dans les expéditions coloniales, ce qui lui a valu les titres de marquis d'Estella (du nom d'une victoire à laquelle il a contribué) et de grand d'Espagne. Comme il n'a pas d'enfants, c'est son neveu, puis son petit-neveu qui hériteront des marques de sa valeur.

La jeune maman, Casilda Sáenz de Heredia et Suárez de Argudin[5], est, elle aussi, de bonne noblesse castillane. Là, peu de militaires et beaucoup de magistrats. Le père de Casilda a été président d'audience aux colonies, à Cuba et à Porto-Rico.

---

[3] Le Découvreur : Christophe Colomb.
[4] L'oncle a combattu dans les rangs des libéraux alors que beaucoup de nobles étaient pour le prétendant absolutiste. Signe d'indépendance et de largeur d'esprit dans la famille.
[5] Les Espagnols font suivre, habituellement, le nom de famille paternel du nom de famille maternel.

Ainsi, des deux côtés, vieille noblesse sinon haute noblesse et plus de blasons que d'argent. Depuis des générations, les Primo de Rivera comme les Sáenz de Heredia n'avaient vécu que pour servir. Sans occuper des rôles de premier plan, dénués d'ambition, ils avaient travaillé obscurément pour leur pays. À leur courage de soldat, à leur intégrité de juge s'étaient jointes les vertus privées : amour du foyer, respect de la femme, vie simple et patriarcale.

Cette double ascendance andalouse et castillane explique en partie les contrastes qui se marqueront de bonne heure dans le caractère de l'enfant qui vient de naître. De son père, il aura la vivacité d'esprit, la facilité de parole, le don du commandement, la joie de vivre. Il tiendra de sa mère le sérieux, une pente à la rêverie et à la mélancolie, la patience dans l'épreuve, le sens du sacrifice.

Mais, en ce printemps ensoleillé, il n'est encore qu'un tout petit qui reçoit le baptême, le 13 mai, avec les noms de José Antonio María Gregorio. Dans sa longue robe blanche brodée avec amour par sa mère et ses tantes, il est porté à l'église voisine, Santa Bárbara, qui dépend du monastère royal des Salésiens. Il a pour parrain son grand-père paternel et pour marraine sa grand-mère maternelle.

Il grandit entre les deux tendresses de sa mère et de sa nourrice, une robuste Castillane, Celadonie qu'il appelle Célé et qui le nomme son Josechu... en cachette, car la grand'mère, à l'encontre de beaucoup d'Espagnols, ne veut pas de diminutifs[6]. En son enfance, il ne sera ni Joselito, à la mode andalouse, ni Pepito ou Pepe, à la madrilène, mais José tout simplement.

Physiquement, il ressemble à sa mère, il a les mêmes yeux clairs et rêveurs où passe parfois une ombre de tristesse[7]. Il aime

---

[6] La grand'mère préfère le nom de José qui lui rappelle celui du mari qu'elle a perdu.
José n'a jamais oublié sa nourrice. Celle-ci vint le voir à la prison Modelo.
[7] Un certain nombre de biographes et d'amis de José Antonio ont parlé

beaucoup cette maman si douce et il ne peut supporter la voir pleurer. À la mort de sa grand'mère, il s'efforce de la consoler avec des caresses et toutes sortes de subterfuges enfantins.

Il admire le beau soldat qu'est son père et il regrette que celui-ci, très pris par son métier, ne soit pas toujours à la maison. Pourtant, la vie de famille est maintenue le plus possible et, chaque fois qu'il le peut, l'officier traîne dans ses garnisons femme et enfants. Comme il veut que ceux-ci naissent à Madrid, on voyage beaucoup chez les Primo de Rivera.

Successivement, de 1904 à 1908, viennent au monde : Miguel, Carmen, les jumelles Pilar et Angelita, Fernando.

Les déplacements et plus encore des maternités si rapprochées épuisent la jeune femme de santé un peu délicate. Neuf jours après la naissance de Fernando, elle meurt, à 28 ans, laissant six orphelins dont l'aîné a cinq ans. Le général, convaincu qu'il ne retrouvera jamais une femme aussi exquise à tous points de vue, ne veut pas se remarier. Mais la famille, des deux côtés, est nombreuse et très unie. Don Miguel appelle près lui sa mère et deux sœurs célibataires, doña Inès et doña María. C'est cette dernière, tia Má, comme la nomme Pilar bébé, qui se charge d'élever les cinq petits (une des jumelles, Angelita, mourra à six ans).

Cinq ans, c'est bien jeune pour souffrir longtemps de la mort d'une maman même tendrement aimée. José reporte toute son affection sur tia Má. Énergique et douce à la fois, pleine d'entrain, profondément pieuse, comme beaucoup de tantes non

---

de ses yeux bleus. Quelques-uns ont dit gris-vert. Tous sont dans l'erreur. Tia Má qui s'est si souvent penchée avec amour sur le visage de l'enfant, affirme que ses yeux étaient « *castaños* », c'est-à-dire châtain ou brun clair. Le reflet en était parfois changeant. Mais tous ceux qui ont connu José ont été frappés par l'extraordinaire clarté de son regard. Il avait une sorte de transparence qui en faisait oublier la couleur. D'autre part, si José avait les yeux et l'expression de sa mère, le nez un peu fort, la bouche fine aux lèvres légèrement sinueuses venaient des Primo de Rivera. La famille conserve un portrait du général adolescent qui pourrait passer pour celui de son fils.

mariées elle se donne tout entière aux orphelins qui deviennent véritablement ses enfants[8]. Elle remplace à la fois la mère et le père, car la campagne du Maroc retient souvent ce dernier en Afrique. Chacun de ses retours est une joie pour les enfants, surtout pour l'aîné. L'officier s'occupe beaucoup d'eux pendant ses séjours à la maison. La maison... Elle change de place assez fréquemment et José s'en attriste ; dès qu'il a, dans la grande demeure, un coin à lui où il peut lire, dessiner, rêver, il lui faut l'abandonner. Et sa perspicacité enfantine en a trouvé la raison :

— Chaque fois que papa prononce un discours, il nous faut déménager.

Le petit garçon n'est pas toujours facile ; il est très volontaire et il n'aime pas obéir. Heureusement, il a de l'amour-propre et il évite de se mettre en défaut. Il a un touchant désir de bien faire, mais il faut savoir le prendre et ne pas le heurter.

Sous des dehors espiègles, sa sensibilité est très vive. Chaque jour, les bonnes du quartier, en impeccable tablier blanc, promènent les enfants sur la Castellana, grande avenue qui a, en son milieu, des allées ombragées où ils peuvent jouer. Il y a aussi, devant le Palais de Justice, de petits jardins avec des tas de sable. Souvent, les garçons turbulents échangent coups de pied et coups de poing ; José n'aime pas ces manières-là, mais il lui arrive d'être pris dans la bagarre. Il revient à la maison, les yeux rouges. Un jour, son père le prend à part et lui dit gravement :

— Tu ne dois battre personne le premier, mais si tu reçois des coups tu dois les rendre.

José suit le conseil paternel ; seulement, il rentre aussi triste, non des coups qu'il a reçus, mais de ceux qu'il a donnés.

Nous avons plusieurs photos des enfants Primo de Rivera ; deux retiennent l'attention : José et Miguel, sur l'une, en costume marin, sur l'autre en blouse russe. L'aîné semble protéger le plus jeune ; il a déjà cet air grave et rêveur qui frappe sur toutes ses photographies. Pourtant, son enfance est heureuse et

---

[8] Elle reste pour tous, parents et amis, tia Má ; on ne l'appelle jamais autrement. Elle vit toujours et habite avec sa nièce Pilar. Elle a gardé une vivacité d'esprit et une énergie extraordinaire pour son âge.

19

choyée ; frères, sœurs, cousins, cousines mettent, autour de lui, leur entrain et beaucoup d'amour. Miguel, le plus proche de lui par l'âge, est le meilleur compagnon de jeu ; jeunes gens, ils seront inséparables dans leurs distractions mondaines et, plus tard, dans la lutte et la captivité.

Pour Fernando, le petit frère, José a une sollicitude quasi paternelle. Il admire son esprit vif, son sérieux, ses dispositions pour l'étude. À plusieurs reprises, il dira : « Fernando est le plus intelligent et le plus courageux de nous. » Hélas ! le plus jeune suivra l'aîné et même le précédera dans le sacrifice sanglant.

Avec ses sœurs, José est tendre, patient, mais aussi taquin. Lorsque la plus petite, Pilar, Pilacita, commencera à étudier le piano, il la mettra en chansons pour l'ennui que ses gammes causent aux voisins.

Comme dans beaucoup de familles, les enfants se répartissent en deux groupes : Miguel et Carmen se ressentent davantage de leur ascendance andalouse, expansifs et joyeux, plus portés au jeu qu'au travail. Pilar et Fernando sont plus Castillans : sérieux, aimant l'effort, d'apparence un peu froide, mais pleins d'une ardeur secrète. Quand José ira au bar, au dancing, au théâtre, Miguel et Carmen l'accompagneront souvent ; et rarement on le verra dans le monde avec Pilar et Fernando. En tout cas, les cinq enfants s'aiment beaucoup et cet amour ne fera que croître dans l'épreuve.

De nombreux cousins se joignent à eux, sans oublier Polin, le fils de l'ordonnance considéré comme de la famille. Précisément, rue Serrano, l'oncle Fernando habite un étage de la même maison. Il a cinq enfants : Fernando, Federico, Miguel, Lola, Inès forment, avec les cousins Sáenz de Heredia, qui habitent Madrid, une bande unie et joyeuse dont José est incontestablement le chef. Tout jeune, il montre des dons de commandement et prend au sérieux son rôle de meneur de jeu.

Ses distractions préférées sont d'ordre intellectuel. Son grand plaisir est d'écrire des pièces de théâtre qu'il fait jouer par sa troupe. Il aime surtout les drames historiques, en vers. Les épisodes tragiques ne manquent pas et quelquefois il faut sacrifier une poupée des sœurs figurant le coupable à qui on tranche la tête. Les plus petits s'en effraient. Il faut les aguerrir. Un jour, les grands décident d'emmener le jeune Sanche à la cave ; avec des draps de lit et des éclairs de magnésium, ils terrifient le pauvret par des apparitions de fantômes. C'est un jeu cruel. José sera toujours dur avec ceux qui manquent de courage.

On se souvient encore dans la famille d'un drame composé par l'enfant alors qu'il n'avait guère plus de dix ans. Il a pour titre *La Cloche de Huesca* et commence par ces vers :

> *Déjà la nuit... Combien tarde*
> *À revenir le messager*
> *Que j'envoyai, avec une lettre,*
> *Pour l'abbé du monastère...*

D'autres fois, les enfants se lancent dans le journalisme. Chacun rédige son périodique avec des titres plus ou moins sensationnels : *La Clochette*, *La Fontaine noire*.

Oncles et tantes s'amusent de ces essais littéraires qu'ils feignent de prendre au sérieux.

José a également une grande facilité de parole. Un jour, d'une fenêtre du rez-de-chaussée il voit venir un groupe de collégiens conduits par un jeune maître. Il les arrête avec un grand geste et commence à discourir. Les enfants l'écoutent, médusés, et le surveillant fait comme eux. Il les congédie ensuite, avec le même imperturbable sérieux.

Tout petit, il a des saillies originales qui amusent son entourage. Arrivant chez son oncle Sáenz de Heredia, à l'heure du repas, et ne voyant aucun préparatif, il s'exclame, avec indignation :

— Est-ce que, dans cette maison, on a perdu l'honnête habitude de déjeuner ?

Et il s'en prend à sa grande cousine Nieves qu'il traite de « religieuse défroquée ».

Le petit garçon est aussi doué pour le dessin. Il imagine des expositions de peinture. Les tableaux sont attachés au mur, à grand renfort de punaises, et la famille est conviée à défiler devant les chefs-d'œuvre.

Ainsi, le futur chef de la Phalange n'est pas un garçon batailleur qui ne rêve que plaies et bosses. Loin de là ; les amusements de l'esprit l'emportent sur tous les autres.

La plus grande partie de l'année se passait à Madrid et c'est bien l'endroit que José préférera toujours à n'importe quel lieu. À cette époque, il y faisait bon vivre, comme à Paris et à Vienne. L'atmosphère y était de simplicité, d'amitié, de gaieté. Beaucoup de fierté et un peu d'insouciance faisaient oublier aux Espagnols les revers de la politique extérieure, la perte des colonies, et, à l'intérieur, les remous provoqués par les crises ministérielles, les progrès des partis de gauche, le séparatisme catalan. On aimait le jeune roi qui portait avec gentillesse et crânerie le lourd héritage des Habsbourg et des Bourbons. Les sympathies allaient aussi à la mère, la reine Marie-Christine, qui, à force d'énergie et de tact, avait su garder la couronne à cet enfant, roi avant de naître[9].

De 1912 à 1917, les deux aînés Primo de Rivera font leurs études sous la direction de professeurs particuliers. José, à la fois intelligent et travailleur, réussit bien. Le général est fier de son fils aîné. Il a pour lui un faible dont on se rend compte dans la famille ; les domestiques ne sont pas les derniers à s'en apercevoir. C'est la nourrice d'une de ses petites cousines qui déclare :

— Celui-là, on le porte toujours en fauteuil d'orchestre...

Don Miguel envoie à un ami les portraits de ses enfants. Sous celui de José, il écrit :

— Ce sera un homme dont on parlera dans l'histoire...

Boutade amusante, sans doute, — le général aimait beaucoup plaisanter, — mais qui marque une certaine perspicacité à l'égard de cet « enfant précoce ».

Une autre preuve en est dans le fait que, de très bonne heure, le père permit à José de donner des ordres aux domestiques dans

---

[9] Alphonse XII mourut en novembre 1885. Alphonse XIII naquit en mai 1886. Sa mère, la reine Marie-Christine, femme remarquable à tous points de vue, exerça la régence.

la conduite de la maison. Il est vrai que, dans les vieilles familles espagnoles, le titre d'aîné confère, très tôt, des droits.

Le 10 octobre 1917, José passe son baccalauréat, qui a lieu plus tôt qu'en France et qui, naturellement, est plus facile. Ses notes sont bonnes ; beaucoup de matières portent la mention *sobresaliante*, qui équivaut à bien. Ses tendances plus littéraires que scientifiques s'accusent à peine. Il est doué pour les langues et apprend le français et l'anglais qu'il arrivera à parler couramment.

Si la majeure partie de l'année se passe dans la capitale, les vacances ramènent les enfants dans l'une ou l'autre des propriétés familiales. Visages divers de l'Espagne que l'adolescent confond dans le même amour. Un de ses séjours préférés, d'ailleurs proche de Madrid, est la «*finca*»[10] du grand-oncle Fernando, à Robledo de Chavela. Le vieil officier paraît, lui aussi, plus attiré vers l'aîné de ses petits-neveux. Voit-il en lui le futur marquis d'Estella ? A-t-il plaisir à former cette vive intelligence ? Il s'occupe beaucoup de lui. Il lui dicte ses *Mémoires* et le jeune garçon est un docile secrétaire à qui il plaît d'entendre raconter les campagnes de l'oncle comme il se passionne pour les récits marocains de son père. Ainsi, il apprend l'histoire, non dans les livres, mais sur les lèvres d'êtres aimés. Peut-être en conçoit-il un certain orgueil, en même temps qu'il comprend ce qu'est l'héroïsme.

Heureusement, le «*tio*»[11] ne songe pas toujours à faire travailler son neveu. Il y a le temps des exercices physiques et surtout de l'équitation. L'officier estime que la maîtrise du cheval apprend à se vaincre soi-même. Or, José, si loquace en famille, si disposé à commander le bataillon des frères et des cousins, a, parfois, des accès de timidité avec les étrangers. Les réactions de sa sensibilité sont excessives ; l'équitation doit lui donner l'audace et l'impassibilité qui lui manquent. L'oncle l'emmène avec

---

[10] Finca : domaine, propriété avec une ferme et des terres à exploiter.
[11] Tio : oncle.

lui à la chasse et c'est ainsi que l'intellectuel restera toute sa vie un sportif.

Les propriétés de la famille paternelle sont aussi en Andalousie. Là, d'autres distractions attendent les enfants. Cadix n'est pas loin et c'est une joie de se baigner dans un golfe où la mer est aussi bleue que le ciel. Et, en septembre, le matin, quand le soleil n'est pas trop ardent, les garçons s'en vont dans les vignes picorer les raisins mûrs qui donnent les vins fameux connus du monde entier. Le soir, ils participent à la gaieté bruyante des vendangeurs et ne sont point disposés à aller se coucher, malgré les appels et les gronderies. Les soirées sont si belles et le ciel si brillant d'étoiles !

Les années passent. L'adolescent aux yeux clairs est devenu un homme pour qui se pose le choix d'une carrière. Don Miguel, très libéral dans l'éducation de ses enfants, leur laisse toute liberté à ce sujet. Au fond de lui-même, il désirerait que l'aîné suivît la tradition familiale et entrât dans l'armée. Il se souvenait avec ivresse du temps lointain où, jeune cadet tolédan[12], il parcourait à cheval les déserts pierreux entre les blanches maisons des *Cigarrales*[13]. D'autre part, il se rappelait les injustices, les humiliations qu'il avait supportées au cours de sa carrière. Il connaissait la droiture, le besoin farouche d'indépendance de son fils. Non, vraiment, José n'était pas fait pour l'armée. Le jeune homme émit une autre objection : on ne manquerait pas de dire que son avancement était dû, non à son mérite, mais à la situation paternelle.

Alors, il décide de faire son droit et d'être avocat. Il suivrait quand même une tradition familiale, celle des Sáenz de Heredia. Précisément, un de ses amis, fils du médecin de la famille, Raimundo Fernández-Cuesta, l'a précédé dans la carrière. Celui-ci, un peu plus âgé, deviendra son mentor. Le général lui confie volontiers ses fils. Comme, au début, José n'aime

---

[12] L'École militaire d'infanterie est à Tolède.
[13] Les *Cigarrales* sont des maisons de campagne, petits domaines plantés d'oliviers, situés sur les hauteurs de la rive gauche du Tage.

pas aller seul aux réceptions du Palais Royal, c'est Raimundo qui l'accompagne. Le jeune Télémaque s'accroche à lui jusqu'au retour à la maison inclus.

De 1917 à 1922, José suit des cours à la Faculté. L'étude du droit lui plaît beaucoup. Ses professeurs apprécient la netteté de son intelligence et la régularité de son travail. Il est plus attiré vers la pratique que vers la théorie. Le droit spéculatif : romain ou administratif, l'intéresse moins que la législation civile ou criminelle. Cette partie du droit satisfait, à la fois, son besoin d'exactitude intellectuelle et de vérité morale. Son esprit ordonné et méthodique se plaît à débrouiller l'écheveau compliqué des procès civils et il est fier de le mettre au service de la justice.

À la Faculté, il reste un peu à l'écart des autres ; deux amis lui suffisent : avec Raimundo, Ramón Serrano Suñer. C'est ceux-là qu'avant sa mort il désignera comme ses exécuteurs testamentaires. Il n'y a aucune versatilité chez José ; quand il se donne, c'est pour toujours.

À cette époque, l'Université de Madrid ne présente pas un spectacle fait pour attirer un garçon sérieux et distingué. Beaucoup d'étudiants fréquentent les bars et les dancings plus que les salles de cours. D'autres se lancent dans la politique. En ces années précédant la dictature, une sorte de fièvre excite les jeunes intellectuels. Sur la Gran Via, le long des Rosales, les têtes s'échauffent et les discussions se prolongent le soir, surtout quand la chaleur du jour incite à jouir de la fraîcheur souvent illusoire de la nuit. José n'a aucun goût pour ces parlotes stériles, il préfère les conversations sur la littérature et l'art.

Tout son temps ne se passe pas à l'Université et il a organisé sa vie avec méthode. Les Primo de Rivera ne sont pas riches et le jeune homme gagne lui-même son argent de poche. Un de ses oncles représente, à Madrid, une maison d'autos américaine et il paie son neveu pour faire la correspondance en anglais. Son père et le « tio » Anton trouvent que le moyen est bon pour lui apprendre à vaincre sa timidité.

## JOSÉ ANTONIO

Bien sûr, José n'abandonne ni les lettres — il cache ses essais littéraires, surtout ses poèmes — ni les sports.

Sa licence obtenue en 1922, il s'en va à Barcelone retrouver les siens. Son père vient d'être nommé capitaine général de la Catalogne, poste de choix qui équivaut au titre de gouverneur de la province. C'est alors que se produit chez José la crise qui éclate chez les jeunes gens au sortir de l'adolescence. Jusque-là, il avait été l'intellectuel pris par ses études et dont les loisirs se passent en famille ou avec les camarades sur les terrains de jeu. La situation paternelle va transformer sa vie.

Barcelone lui ouvre des horizons plus larges que ceux de Madrid, typiquement espagnols. Dans le grand port de la côte du Levant, il rencontre des étrangers et cause avec eux. Dans l'entourage de son père, il voit des hommes de valeur et prend conscience des problèmes politiques et sociaux. Enfin, il a vingt ans et il découvre la femme. Les milieux catalans sont plus mêlés que ceux de la capitale. Les jeunes filles y sont moins réservées. Comment refuseraient-elles de flirter avec le fils du général, la plus haute autorité de la province ? Un autre aspect de la physionomie de José apparaît alors : à côté de l'intellectuel, du sportif, c'est l'homme du monde. À partir de ce moment, il attache plus d'importance à sa toilette, bien qu'il ait toujours été un garçon soigneux. Il s'habille avec une élégance, les uns disent britannique, les autres andalouse, mais sans aucune recherche de mauvais goût. Ses amis le taquinent à ce sujet ; un certain costume de cheval excite particulièrement leur verve malicieuse.

Ainsi, malgré son sérieux, José sait être jeune, et, quand il se trouve dans une ambiance sympathique, il se montre pétillant d'esprit et de gaieté.

En octobre 1922, lui et Miguel font leur service militaire, à Barcelone naturellement, pas du tout pour obtenir des faveurs, mais parce que le général tient à avoir près de lui sa sœur et ses enfants. Chez les Primo de Rivera, il y a un esprit de famille tout patriarcal qui s'applique également aux oncles, tantes, cousins et cousines, même aux domestiques qui vieillissent dans la maison.

Dragon au régiment de Santiago !... Un titre de plus avec un bel uniforme pour attirer les regards féminins. Il s'en soucie peu et s'efforce d'être un cavalier modèle. Certains, un peu jaloux, trouvent qu'il y met de l'affectation. Jamais il ne se sert de l'auto paternelle pour se rendre à la caserne ; il partage la vie commune. Tant pis si son bel appétit ne trouve pas son compte à l'ordinaire du régiment ! Lorsqu'un de ses camarades lui suggère qu'il pourrait obtenir une permission spéciale, il répond fièrement :

— Être soldat et fils du général m'oblige plus qu'un autre.

Cependant, il se tient plutôt à l'écart, non par préjugé de caste, mais parce que les beuveries et les plaisanteries lourdes le rebutent. D'autre part, un certain nombre de jeunes gens de l'aristocratie catalane sont séparatistes, ce qui blesse son patriotisme.

D'ailleurs, à ses heures de liberté, il travaille pour son compte personnel et prépare son doctorat en droit. Et le soir, quand il a une permission, il se détend dans les salons de la capitainerie générale en dansant avec quelque jolie fille qui ne lui parle pas de séparatisme.

Tel apparaît José à vingt ans. Un garçon bien équilibré, au corps robuste, à l'intelligence vive, au cœur droit, mais avec des traits de caractère encore incertains comme sa figure juvénile où se lisent, à la fois, la candeur et le sérieux.

Chapitre II

# TOUT PRÈS DU TRÔNE

*Et j'étais de ceux qui rêvent de vivre
en une cellule.*

José avait vingt ans depuis cinq mois lorsque, le 13 septembre 1923, le roi Alphonse XIII appela son père au pouvoir.

Après le merveilleux épanouissement du « siècle d'or », — le XVI$^e$, — l'Espagne avait traversé bien des crises dont la plus lourde de conséquences avait été l'occupation française, de 1808 à 1813. Cette lente décadence s'était accentuée au XIX$^e$ siècle pour des raisons géographiques et psychologiques. Les premières tenaient à la pauvreté du sol dans une partie du pays, à sa situation à l'écart des grands courants du commerce mondial, à la grande propriété, à la faiblesse numérique d'une population souvent misérable.

Les secondes raisons, d'ordre moral, étaient plus graves : individualisme excessif, esprit régionaliste accru par le contraste entre les steppes arides du plateau et les plaines riches du pourtour, difficulté pour l'Espagnol de s'astreindre à un travail régulier, appel du Nouveau-Monde, et, dans les classes élevées, repliement orgueilleux sur un grand passé.

Fatalement, une telle situation devait favoriser le développement du socialisme et des partis anarchistes particulièrement dangereux dans un pays où, depuis les luttes héroïques de la

Reconquête, le recours à la force semble naturel. Le communisme n'apparaîtra que plus tard.

De plus, le soulèvement fomenté au Maroc par Abd el-Krim, en juillet 1921, avait abouti à un désastre.

Devant l'impuissance du régime parlementaire à conjurer le péril, le roi crut bon de faire appel à un dictateur. En lesdites circonstances, celui-ci ne pouvait être qu'un soldat resté à l'écart des partis.

Le jeune cavalier de Santiago apprit la haute promotion de son père sans étonnement et avec un orgueil filial où la confiance l'emportait sur l'appréhension. Pour faire plaisir à ses camarades, il fêta avec eux la fortune du général par des réjouissances au son de la guitare qui durèrent toute la nuit et auxquelles les officiers prirent part.

La famille quitta Barcelone pour revenir à Madrid et José suivit les siens. Il termina son service aux Hussards de la Princesse. Les jours de fête, il revêtait le bel uniforme blanc chamarré d'or et le haut bonnet qui vieillissait son visage si jeune. Souvent de service au Palais Royal, il saluait gravement son père de l'épée levée sans qu'un étranger pût deviner le lien qui unissait les deux hommes. Une photo le montre à cheval alors que le général sort du Palais à pied. Un court dialogue s'échange :

— Officier, y a-t-il quelque chose de nouveau ?
— Rien, mon général.

Dans l'éclair amusé du regard paternel passe beaucoup d'amour.

Cependant, comme à Barcelone, le jeune hussard tient à mener la même vie que ses camarades. S'il lui arrive de coucher chez lui, il reprend son service de bon matin, saute dans le tram, lit le journal qu'il vient d'acheter, et les travailleurs qui l'entourent ne se doutent point que ce jeune soldat est le fils du maître actuel des destinées de l'Espagne. À la fin de son service, il est nommé officier de réserve, titre dont il se montre plus fier que de sa parenté avec le dictateur.

Démobilisé, il achève son doctorat auquel il n'avait cessé de travailler, même à la caserne. C'est alors que commencent à se marquer chez lui une curiosité d'esprit et une activité qui ne se ralentiront jamais. Ses journées se partagent entre sa chambre où il étudie, les salles de cours, les bibliothèques, les terrains de jeu où il passe du golf aristocratique au démocratique football. Le soir, il va dans le monde, au théâtre, dans quelque club littéraire ou dans un bar à la mode. Comme la plupart des Espagnols, il se couche tard et son excellente santé lui permet de se lever relativement tôt le lendemain.

Ses qualités de juriste se sont affirmées, et le témoignage de quelques-uns de ses maîtres à ce sujet est d'autant plus probant qu'ils appartiennent à des partis politiques hostiles à la dictature.

Le jeune homme attend avec impatience l'âge requis pour exercer sa charge d'avocat. Le grand jour arrive enfin ; en avril 1925, il est immatriculé au barreau de Madrid. Il installe aussitôt son bureau dans l'appartement laissé libre par le général qui occupe le ministère de la Guerre. La maison est située en plein centre, entre la Cibeles et la Puerta del Sol[1]. C'est un quartier où les distractions ne manquent pas ; elles sont de divers ordres : théâtres, dancings, bars et, pour les gens sérieux, Académie des Beaux-Arts et Académie de Jurisprudence.

Le jeune avocat ne se laisse pas détourner de son travail dans la journée. Il regarde avec une fierté enfantine l'en-tête de son papier à lettres et il sent son courage doublé :

*José Antonio Primo de Rivera*
*Abogado*
*Los Medrazo — 26 Madrid*
*Telefono 541-45*

Il a choisi de plaider les affaires civiles de préférence aux affaires criminelles. Au début, ce sont des litiges peu importants,

---

[1] La Cibeles est une vaste place ornée de la fontaine de Cybèle et où s'ouvrent de larges avenues. Une partie de la rue d'Alcalá joint la Cibeles à la Puerta del Sol.

parfois mesquins jusqu'au ridicule, mais qu'il lui plaît de démêler et de clarifier.

Bientôt, son enthousiasme va se heurter à de multiples difficultés. Mais sa nature n'est point faite pour la facilité ; il a déjà l'amour du risque et le goût de la lutte. L'anecdote suivante, contée par le témoin, est significative :

Accompagné par un ami qui lui sert de clerc, il traverse en auto la province de Tolède. Ils passent au pied d'un château-fort qui évoque le souvenir du connétable don Álvaro de Luna. Histoire et poésie à la fois, quelle aubaine ! Il faut s'arrêter et visiter le château. Or, en Espagne, c'est un obstacle presque insurmontable que de se faire ouvrir la porte d'un vieux monument. Pour comble, c'est dimanche ; les gens du pays, occupés à danser, ne vont pas se déranger. Qu'à cela ne tienne ! Malgré son compagnon, José décide d'escalader la haute muraille en s'accrochant aux aspérités des pierres. À trois mètres du sol, il perd l'équilibre et tombe. Trop endolori pour recommencer sur-le-champ, il remonte en auto et déclare à son ami mécontent :

— Nous reviendrons un autre jour, Rafaël, et j'escaladerai à nouveau la muraille. Une chute n'a pas d'importance quand on ne se tue pas la première fois.

Ce sera la même chose dans sa vie. Les difficultés, au lieu de l'arrêter, fouettent son orgueil et stimulent son énergie. Dans sa charge d'avocat, il ne s'agit pas d'escalader des châteaux-forts, mais de lutter contre des obstacles plus délicats et plus irritants. Le moindre consiste à vaincre une timidité naturelle en contradiction avec la carrière qu'il a choisie. Il est totalement dépourvu de la jactance fréquente chez les jeunes gens de son milieu et de sa profession. Chaque fois qu'il parle en public, il doit surmonter une appréhension première qui se marque dans sa voix basse et mal assurée. L'appareil de la justice, les yeux fixés sur lui, tout lui cause un malaise qui ne se dissipe que peu à peu, à force de volonté.

Mais les plus graves ennuis lui viennent de la situation paternelle. C'est avec âpreté qu'il se défend contre les clients qui voient en lui le fils du maître de l'heure.

— Ah ! s'écrie-t-il avec colère, parce que mon père est ce qu'il est, je ne peux pas être avocat, ni exercer ma profession, ni vivre comme n'importe qui !

Un jour, il va jusqu'à menacer un client de le jeter au bas de l'escalier, parce que celui-ci lui a suggéré d'user, dans son procès, de l'influence paternelle.

L'argent qu'il gagne à cause de son nom lui cause une sorte de dégoût. Il constate qu'à la fin du mois il rapporte plus d'argent que son père qui dépense une partie de son traitement en libéralités. Aussi, non sans ironie, trouve-t-il l'Espagne « un pays plus démocratique que la France » puisqu'un petit avocat gagne plus qu'un ministre.

Mais il n'a pas seulement à se défendre contre la flatterie. Les ennemis du dictateur cherchent à l'atteindre dans son fils. Les mœurs politiques, dans tous les pays du monde, ne consistent-elles pas à trouver, coûte que coûte, des scandales dans la vie publique ou privée des adversaires ? Vrais ou faux, peu importe. « Calomniez, il en reste toujours quelque chose. » C'est ainsi que José fut accusé par un de ses collègues, et non des moindres, ennemi acharné de la dictature, de toucher des bénéfices illicites dans sa charge d'assesseur de la Compagnie des Téléphones dont l'immeuble dresse ses quatorze étages sur la Gran Via. Il bondit sous l'insulte. Il veut aller trouver le calomniateur, le défier, le souffleter. Son père a bien du mal à le retenir. L'attaque le vise lui-même et il juge préférable de ne point relever d'aussi basses accusations. Le tempérament plutôt calme de José a ainsi des sursauts d'indignation violente quand la vérité et la loyauté sont en jeu. Ce fut la première des « colères bibliques » du jeune homme, comme les appelèrent plus tard ses camarades. Il a besoin autour de lui d'une atmosphère de propreté morale et de sympathie. Peu de chefs ont souffert comme lui de la méfiance et de la haine. Lui, ne peut pas haïr, il ne sait qu'aimer.

Enfin, pendant la dictature, il doit lutter contre son père lui-même, désireux de la collaboration d'un fils dont il apprécie l'intelligence et la droiture. José résiste.

— Non, déclare-t-il, quand un homme aime la politique, ses fils la détestent.

Il faut que cette aversion soit bien forte pour qu'il refuse son aide à un père qu'il aime et dont il désire la présence à ses côtés. Mais pas au Palais royal, pas au ministère de la Guerre, pas dans les Conseils, pas dans les tournées officielles. Par contre, comme il se réjouit lorsque le général décide de déposer, pour quelques heures, le lourd fardeau du pouvoir. Tous deux s'en vont, de préférence à l'Escurial qui n'est qu'à cinquante kilomètres de Madrid et où les moines sont si heureux de les accueillir. Le soir, les touristes sont partis, les curieux se sont lassés. Les deux hommes, unis dans le silence de leur cœur, jouissent du calme qui descend de la montagne et de la paix de Dieu, dans les longues galeries désertes. José pense :

— J'étais fait pour vivre en une cellule.

Cependant, parfois il cède aux instances paternelles, il accompagne le général en province, en un voyage officiel, mais il se tient à l'écart, se cache dans la pénombre de la tribune, au dernier rang.

En 1923, il va avec son père et les souverains en Italie. Mais il attache peu d'importance au faste de la cour, aux réceptions, aux revues. Il est venu pour s'instruire, étudiant en vacances, et il découvre les visages multiples de la Ville Éternelle, du Forum au palais de Venise en passant par le Vatican. Aucun témoignage ne nous permet de déceler l'influence de ce séjour dans la formation de sa pensée politique. Son admiration pour Mussolini date-t-elle de cette époque ? Est-ce à partir de là que les grands problèmes de la vie des nations se présentent à son esprit ? C'est fort possible, mais il a dû repousser au second plan les préoccupations de cet ordre pour donner toute l'importance à l'art et se laisser séduire par le charme du passé latin.

C'est vers cette époque qu'il envoie promener un journaliste qui lui demande quand il fera ses débuts dans l'arène politique :

— Actuellement, il me suffit d'exercer ma profession et d'étudier pour le faire le mieux possible. D'ailleurs, ces choses sont comme les soufflets, on ne les annonce pas, on les donne.

Plus nettement encore, il confie à un ami :

— Ma vocation est exclusivement l'étude du droit, dans la paix de mon bureau, entouré de livres et de silence. Mon goût, après le travail, me porte vers la lecture et la conversation avec des amis. Et le dimanche, l'air, la chasse et le soleil.

Son entourage n'a pas une impression différente. Les plus superficiels voient en José un garçon assez snob et qui a bien raison de profiter de la situation de sa famille pour se distraire. Il le fait, d'ailleurs, avec distinction ; il est parfaitement élevé, bon danseur, excellent cavalier et l'on admire ses complets de coupe londonienne. Les autres formulent le même jugement que le prieur de l'Escurial qui voit le jeune homme assez souvent au monastère : « Il est simple, sérieux, distingué. » Ne faut-il pas traduire par : un peu effacé ?

Seul, le père a le pressentiment du rôle que son fils pourrait jouer dans l'avenir. Encore est-il possible de voir là une exagération de l'amour paternel.

La première fois que José parla en public en dehors de ses plaidoiries, ce fut à une réunion sans caractère politique. Il s'agissait d'une réception à l'hôtel Ritz en l'honneur du poète andalou Antonio Machado[2]. Comme l'auteur l'a raconté lui-même, le discours fin et délicat du jeune homme fut suivi de longs applaudissements. Lorsqu'il revint s'asseoir près du général, celui-ci l'embrassa avec émotion et il y avait des larmes dans les yeux du père.

Cependant, il ne faut pas trop insister sur l'indifférence de José à l'égard de la politique. Il était trop intelligent pour se contenter de parler avec élégance dans une réunion littéraire ou, à la fin d'un dîner, d'improviser des vers sur l'excellence des vins espagnols. Il entendait les conversations qui s'échangeaient autour de lui, à la table de famille où étaient invités les ministres et les hommes d'État étrangers. Son père lui confiait ses espoirs

---

[2] Antonio Machado (1875-1939), poète andalou qui a beaucoup aimé la Castille et l'a chantée dans les poèmes intitulés *Campos de Castilla*. Il a écrit aussi des pièces de théâtre comme *La Lola se va a los puertos*.

et ses soucis. Non, il ne pouvait rester fermé aux grands problèmes politiques et sociaux.

Souvent de service au Palais, il venait s'accouder à quelque balcon de marbre de la façade ouest. Il contemplait le vaste paysage austère sans rudesse qui s'offrait à lui. Par-delà la verdure des jardins royaux, le maigre fleuve serré dans son corset de pierre, les beaux arbres de la Casa de Campo[3], il regardait la ligne grise de la sierra se dessiner sur le ciel embrasé du couchant. Alors, il sentait son cœur battre d'amour pour l'Espagne et il avait foi en la mission salvatrice de son père.

En juin 1928, en même temps que ses frères, il fut admis dans la chevalerie des vieux ordres militaires. Il revêtit le costume et la cape de velours noir. Avec son front pensif et son regard rêveur, il ressemblait à un personnage de Greco, malgré son visage imberbe et plein et ses yeux clairs. Non l'homme à l'épée, mais l'homme au livre tourné vers les réalités intérieures.

Loin de voir un déguisement un peu ridicule dans ce vêtement moyenâgeux, il en aperçut la signification profonde. Il saisit la continuité de l'histoire et celle de la race, comprenant qu'il ne fallait pas briser les liens qui rattachaient l'Espagne d'hier à celle d'aujourd'hui.

Ainsi, de 1923 à 1930, la pensée de José suit un long cheminement dont il n'a pas conscience. De même que, physiquement, l'homme fait se dégage peu à peu de l'adolescent sans qu'on puisse marquer les étapes de ce changement, de même l'intelligence s'approfondit, le caractère se virilise insensiblement. Les conditions particulières du milieu où vit le jeune Primo de Rivera hâteront cette transformation.

C'est aussi à ce moment que se place, dans la vie des jeunes gens, la crise sentimentale qui aboutit, soit à une amère désillusion, soit à la fondation d'un foyer, soit à une aventure banale quand elle n'est pas dégradante.

---

[3] La Casa de Campo est un petit bois de Boulogne aux portes de Madrid. Très fréquenté autrefois par l'aristocratie, il est devenu une promenade populaire.

Le roman d'amour de José s'enveloppe, comme il convient, de poésie et de mystère. Seules, quelques brèves confidences faites, longtemps après, à son ami Ramón, permettent d'en deviner l'essentiel.

Le fils du dictateur, jeune et distingué, ne pouvait passer inaperçu à la cour et dans les salons de la capitale. Lui-même devait être attiré par cet essaim de jolies filles dont quelques-unes possédaient la beauté de l'Espagnole à vingt ans quand le long affinement de la race lui enlève ce qu'elle a souvent de lourd et de provocant dans les autres milieux. Un autre que José eût flirté éperdument ou se fût affiché en quelque liaison flatteuse. Il était trop profond pour ne pas prendre l'amour au sérieux. Il s'éprit, avec toute la fougue de son âge, d'une jeune fille de la haute noblesse. Il ne lui fut pas indifférent. Enchantement du premier amour tout de fraîcheur et de pureté. Joie des rencontres furtives dans les beaux parcs d'Aranjuez et de la Granja. Rêve qui peut devenir une radieuse réalité.

Hélas, par un préjugé nobiliaire d'un âge révolu, les parents de la jeune fille s'opposèrent formellement au mariage. Qu'était le récent et petit marquisat d'Estella à côté d'une très ancienne couronne ducale ? Il fallait lutter, faire passer avant tout les droits d'un amour réciproque d'autant plus qu'aucune raison valable — même politique — ne pouvait être objectée contre cette union. Mais la jeune fille, qui sans doute aimait moins qu'elle était aimée, faiblit et obéit à ses parents. José dut renoncer à ce qu'il croyait le bonheur. Il en souffrit d'autant plus que, par réserve ou fierté, il n'en parla à personne. Mais il n'oublia pas et un des jours les plus cruels de sa vie fut celui où un hasard malheureux le mit en présence de son ex-fiancée, le soir même des noces de celle-ci.

Il ne faut rien dramatiser. José est mort à trente-trois ans ; s'il avait vécu, il se peut qu'il ait fondé un foyer. Les derniers mois de sa vie, il semblait attiré vers la fille d'un petit industriel castillan qui avait quelque ressemblance physique avec l'autre. Mais rien n'autorise à penser qu'il l'aurait épousée[4]. En tout cas,

---

[4] Francisco Bravo a publié « Quatre lettres de José-Antonio à une

s'il y eut, dans sa vie, plusieurs amitiés féminines, de son côté, elles participèrent de la simple camaraderie. Jamais on ne lui connut de liaison malgré les prétentions de plusieurs belles dames qui se vantèrent, après sa mort, d'avoir obtenu ses faveurs. Devant la pureté de sa vie, l'imagination populaire n'a-t-elle pas échafaudé un roman, bien invraisemblable, avec une des infantes ?

Mais cet amour déçu a laissé en lui des traces, l'a mûri par la souffrance ; peut-être a-t-il accentué le côté sérieux et un peu mélancolique de sa nature. Il se peut également que cette épreuve l'ait rendu plus sévère à l'égard de la noblesse murée dans ses préjugés, fermée aux problèmes sociaux.

---

femme » qui est certainement la jeune fille connue à la fin de sa vie, car la première est datée du 25 janvier 1936 et la dernière du 27 juin, par conséquent de la prison d'Alicante.
Le ton est affectueux, non amoureux. Il est plus spirituel que tendre.
Le fait qu'il s'excuse d'avoir oublié l'adresse exacte de la jeune fille prouve que leurs relations n'étaient pas tellement suivies. Voici le passage le plus amical de la longue lettre du 25 janvier : « La franche et tranquille simplicité de tes lignes m'a servi souvent de repos dans la fatigue et d'apaisement dans les moments de mauvaise humeur. »
Citons également ce beau passage de la même lettre :
« Au fond, l'essentiel est d'avoir dans sa vie, sept ou huit personnes avec lesquelles on peut parler et se comprendre. Le reste — exhibition, applaudissements — sont des fardeaux qu'on doit supporter sans tomber dans l'orgueil de se croire supérieur à la masse, ce qui serait d'autant plus faux que, dans la masse, il y a un grand nombre de vies humbles pleines de valeur profonde. »
La lettre du 18 mars où il lui apprend son emprisonnement est pleine d'esprit :
« Passer de temps en temps un petit moment en prison est délicieux. Plus de téléphone et la communication avec le monde extérieur se réduit à une heure par jour. »
Il s'excuse de ne pas lui avoir écrit et il ajoute : « Il m'est plus difficile de te pardonner d'être venue à Madrid sans m'avertir quand tu sais très bien (cela se sait sans qu'on se le dise) combien j'aurais été content de te voir. »

Et surtout, s'il faut dans un cœur ardent, qu'un grand amour brisé soit remplacé par un autre sentiment exclusif, José a choisi. Libéré du souci de fonder un foyer, comme jadis Bolívar après la mort de sa jeune femme, il s'est donné tout entier à son pays. L'Espagne a été vraiment sa seule bien-aimée.

Bientôt un malheur plus grave qu'un chagrin d'amour allait bouleverser sa vie.

Le général, après six ans d'efforts, sentit son impuissance en face des intrigues des uns, des passions révolutionnaires des autres ; en politique, les amis sont souvent plus dangereux que les ennemis. Comme il n'était plus sûr de l'appui du Roi qui, dit-on, l'avait choisi sans l'aimer, il préféra se retirer. Le 28 janvier 1930, il offrit sa démission à Alphonse XIII qui l'accepta.

Nous ne pouvons avoir la même discrétion que le fils pour juger l'œuvre du père. Don Miguel était brave, généreux, absolument désintéressé, mais très espagnol — il faudrait dire très andalou. Un peu superficiel, sans programme précis, il croyait que l'habileté jointe à la bienveillance suffit à résoudre les problèmes politiques et sociaux. Sans doute, il avait rétabli la situation au Maroc et entrepris quelques grands travaux, mais le glissement vers la gauche n'était aucunement stoppé et, surtout, les réformes sociales restaient à faire. Peut-on lui en vouloir d'avoir été si peu dictateur et d'avoir hésité devant l'emploi de la force ?

L'échec du général fut un coup très rude pour José ; il en souffrit un peu dans son orgueil, beaucoup plus dans son amour filial. La tendresse admirative qu'il éprouvait, tout enfant, pour son père, s'était transformée en une solide affection d'homme à homme.

Dans une certaine mesure, l'attitude du Roi contribua à affaiblir le loyalisme monarchique du jeune homme. Il savait que le souverain n'avait appelé son père que contraint par la nécessité, pour l'abandonner ensuite aux rancunes d'adversaires, jaloux de ce choix.

Déjà, pendant la guerre du Maroc, Alphonse XIII avait eu un mot malheureux ; José était très susceptible quand il s'agissait de ceux qu'il aimait. Le monarque, le rencontrant dans une galerie du Palais, alors qu'il venait de recevoir de bonnes nouvelles d'Afrique, lui avait dit :

— Ton cochon de père a de la chance : Abd el-Krim vient de s'enfuir au Maroc français.

Si le terme « cochon » employé familièrement n'a rien d'insultant, l'expression « a de la chance » sous-estimait le mérite du vainqueur. José était trop fier pour ne pas le sentir.

Par la suite, il évita tout rapport avec le souverain, mais s'abstint toujours de commentaires à son égard. Un jour, questionné par ses amis, il dit seulement que le Roi avait cessé de lui souhaiter son anniversaire comme il le faisait auparavant.

Immédiatement après sa démission, le général quitta l'Espagne et partit pour la France afin de s'y reposer loin des agitations de la politique. Il ne s'en allait pas seul ; ses deux filles et Miguel l'accompagnaient. José était retenu à Madrid par sa charge d'avocat, et Fernando, sorti de l'École de cavalerie, était au Maroc avec son régiment.

Moins de deux mois après sa chute, au matin du 18 mars, don Miguel mourait subitement, dans le modeste hôtel de la rive gauche où il était descendu avec ses enfants.

Son ancien ministre des Finances, Calvo Sotelo, également à Paris, a raconté l'émotion et le chagrin de la petite colonie espagnole accourue rue du Bac, à l'annonce de la tragique nouvelle. Lors de la levée du corps, dans l'étroit couloir de l'hôtel, le silence coupé de sanglots était plus émouvant que l'eût été la pompe d'une cérémonie officielle. À la porte, un peloton de soldats français en armes rendait hommage au grand-officier de la Légion d'honneur qui avait combattu au Maroc, avec nos troupes.

Lorsque José reçut la fatale dépêche, il fut terrassé par l'étonnement avant de l'être par la douleur. Sans doute, son père était parti fatigué avec une menace de diabète. Justement, pour le forcer à se soigner, Miguel cherchait en Allemagne une clinique spéciale au traitement de la maladie. Mais il n'y avait là rien d'alarmant et le jeune avocat venait de recevoir une lettre dans laquelle le général ne parlait même pas de sa santé. On ne meurt pas ainsi, à soixante ans, quand on a un corps robuste de soldat et la vigueur légendaire des Primo de Rivera.

Un intime de la famille a dépeint l'attitude de José quand il réalisa enfin la vérité. « On eût dit qu'il allait s'effondrer sous le poids du chagrin. »

Défaillance de courte durée. Il sut maîtriser sa peine : il devenait le chef de la famille. Il fallait prévenir les amis, régler les dispositions pour les obsèques. Très calme, il prit le téléphone et, contenant le tremblement de sa voix, il avertit les intimes. Une fois tout organisé à Madrid, il partit pour la frontière afin d'y attendre le convoi funèbre.

Un matin frais et incertain de mars, une lumière blafarde et triste. Le train de Paris entre lentement en gare d'Irún et s'arrête, sous la verrière avec un grincement sinistre.

José revoit son père, le visage défiguré par la mort, le corps enveloppé dans la bure franciscaine dont il avait toujours désiré être revêtu. Tout près du jeune homme, une voix aimée, celle de tia Má, murmure à son oreille :

— Ne pas pleurer... continuer.

Alors « il tire des forces de sa faiblesse » et, impassible, il reçoit les condoléances des proches et des autorités locales. Et c'est le triste retour vers la capitale. La froideur de l'accueil officiel fait mieux ressortir l'élan spontané du peuple. Les paysans laissent leur travail et accourent au bord de la voie pour saluer le train ; les femmes font le signe de croix et récitent leur chapelet. À Vitoria, à Burgos, à Valladolid, à Medina, à Ávila, il faut s'arrêter plus longtemps que ne l'avait prévu l'horaire pour permettre à la foule des petites gens de défiler devant le fourgon transformé en chapelle ardente.

À Madrid, la fierté de José est cruellement mise à l'épreuve. Les humiliations se succèdent : l'enterrement a lieu au cimetière San Isidro et non au Panthéon des hommes illustres où sont inhumés les anciens présidents du Conseil. Le cortège doit éviter le centre de la ville et passer par les boulevards extérieurs. Aucun régiment ne rend les honneurs au chef de l'armée, au vainqueur d'Alhucemas[5]. Il y a bien des soldats, mais ils sont là en service d'ordre pour contenir la foule. Celle-ci est très agitée et marque son mécontentement à l'égard du général Berenguer, successeur de don Miguel en criant :

— Canaille... canaille !

D'autres voix disent :

— Ils l'ont tué.

Cependant le Roi et Berenguer assistent à la messe dite — encore un affront — dans une chapelle improvisée à la gare du Nord. Ils partent aussitôt après. Pourtant le souverain vient saluer la famille et, inclinant sa haute taille devant l'aîné, il lui dit tout bas :

— Dieu veuille que je n'aie pas à me repentir de ce qui est arrivé.

Se doute-t-il que, lui aussi, sera bientôt emporté dans la même tourmente. José reçoit ces regrets tardifs avec l'air d'enfant boudeur et mécontent que nous a conservé la photographie.

Les jours, les semaines qui suivirent la mort du père furent particulièrement durs pour les enfants : ingratitude des uns, revirement intéressé des autres, basses calomnies, rien ne leur fut épargné.

Déjà avant la disparition de don Miguel, un général connu[6] avait critiqué son œuvre en termes offensants. Indigné, José avait pris à part l'insulteur et l'avait invectivé si violemment qu'il fut traduit devant un tribunal militaire. La peine infligée fut la perte de son titre d'officier de réserve, ce qui l'affecta beaucoup, mais l'honneur de son père passait avant tout.

Et maintenant que l'homme était dans la tombe, les attaques se firent plus violentes encore ; José en éprouvait d'autant plus de peine qu'il était persuadé — non sans raison — que les six

---

[5] Le général avait été victorieux au Maroc grâce à une opération hardie : il avait opéré un débarquement dans la baie d'Alhucemas et pris Abd el-Krim à revers, forçant celui-ci à s'enfuir au Maroc français. La coopération de nos troupes sous les ordres du général Pétain en eut vite raison.

[6] Le général Queipo de Llano.

ans de dictature, venant après d'épuisantes campagnes coloniales, avaient usé prématurément son père. Oui, en vérité, celui-ci était mort au service de l'Espagne.

C'était, pour les fils, un devoir sacré de défendre sa mémoire. Plus qu'un autre, l'Espagnol a le sens de l'honneur — la *honra*[7]. Les enfants pouvaient-ils laisser profaner un nom légué sans tache par tant d'aïeux intègres et vaillants ?

Peu de temps après son malheur, José fut arrêté par un journaliste qui lui demanda quand il comptait partir pour la France :

— Dites bien, répondit sèchement le jeune homme, que l'aîné des Estella reste en Espagne, étroitement attaché à la mémoire de son père.[8]

---

[7] Honra : c'est le point d'honneur. Quand il est en cause, les réactions de la fierté espagnole sont extrêmement vives.
[8] Le terme espagnol *abrazado* est beaucoup plus fort que la traduction française ci-dessus.

CHAPITRE III

# LA DÉFENSE DE L'HONNEUR

*Ne pas pleurer... continuer.*

AU COURS des années qui suivirent la mort de son père, et jusqu'en 1933, l'unique souci de José fut la défense de l'honneur. Sa profession d'avocat lui laissait plus de temps, car, sur ce point, il expérimentait également l'ingratitude et la versatilité humaines. Maintenant qu'il n'était plus le fils du chef de l'État, les clients devenaient plus rares[1]. Cette diminution momentanée de ressources n'affecta point le jeune homme qui, d'autre part, se réjouissait que « son père eût quitté le pouvoir plus pauvre qu'il n'y était entré ».

Deux moyens étaient à sa portée pour défendre la mémoire de son père. Le premier relevait d'une justice expéditive assez sommaire. Avec beaucoup trop d'impétuosité, lui ou ses frères allaient trouver le calomniateur et le souffletaient en public, soit dans un bar, soit en pleine rue. Les jeunes gens ne faisaient aucune différence entre un ex-ministre, un journaliste connu ou un homme du peuple. Tel chauffeur de taxi reçut une gifle

---

[1] Les clients revinrent peu à peu quand ils eurent pris conscience du talent personnel du jeune homme. C'est ainsi que l'un d'eux, après la chute de la dictature, lui retira sa cause pour la donner à un avocat connu. Quelques jours passèrent et le plaignant vint la lui rapporter. Il avait comparé les deux plaidoiries et trouvé celle de José de beaucoup la meilleure.

magistrale parce qu'il refusait de prendre dans sa voiture « le fils Primo de Rivera ».

José accomplissait ces exécutions avec la plus parfaite sérénité. Son ami Luis de Bolarque en donne la preuve dans l'anecdote suivante : les jeunes gens se réunissaient pour jouer des comédies de salon, José, bon acteur, y tenait les rôles importants. Un soir, lors d'une répétition, il sortit en disant à ses amis :

— Voulez-vous m'excuser, je reviens dans un instant.

Effectivement, vingt minutes après, il rentra et reprit, son rôle avec tant de calme que personne ne se douta qu'il venait « d'exécuter » un insulteur de son père.

Heureusement, un autre moyen moins primitif lui était offert par sa profession et des dons de polémiste non encore révélés. En mars 1931, il fit paraître une série d'articles dans le journal *ABC* ; le premier, intitulé l'*Heure des Nains*, commençait ainsi : « Les nains ont fait plus que le géant. Ils lui ont pris les pieds dans un filet et l'ont jeté à terre. »

Mais dans sa défense, sa probité intellectuelle était si entière qu'il n'acceptait que les faits certains. Il repoussait les allégations des adversaires du général Berenguer, successeur de son père, parce qu'elles lui paraissaient empreintes de partialité.

Un livre parut, insinuant que la mort subite du général ne pouvait être une mort naturelle. Bel argument pour la défense. Les amis du jeune avocat s'en réjouissaient. Mais lui déclara avec sévérité :

— Personne ne m'a apporté de preuves de cela et je suis incapable de penser sans preuve.

Sa délicatesse était si grande qu'il lui répugnait de se servir de lettres trouvées dans les papiers de son père et qui montraient la bassesse de certains adulateurs devenus calomniateurs. Il disait toujours qu'il ne voulait pas « se placer sur un plan de vilenie ».

Cependant, les événements politiques allaient se précipiter : un peu plus d'un an après la chute du dictateur, le Roi quittait le pouvoir. Les élections municipales d'avril 1931 avaient, dans l'ensemble, donné une forte majorité aux monarchistes : 22 150 voix contre 5 875. Mais dans les grandes villes, la poussée révolutionnaire se marquait nettement ; Alphonse XIII était intelligent, sans préjugés, ouvert aux idées généreuses, mais peu enclin à l'effort. La popularité qu'il avait acquise, d'abord par sa grâce de bébé-roi, puis par sa simplicité et sa crânerie courageuse lors de nombreux attentats, s'était peu à peu émoussée. On lui reprochait son habileté à esquiver les problèmes importants et son penchant à la vie facile. Accepter un dictateur, c'était avouer son impuissance ; le renvoyer après l'avoir appelé une plus grosse faute. Après les élections, ne voyant plus de solution que dans l'emploi de la force pour rétablir l'ordre, il préféra se retirer. Le 14 avril, sans abdiquer, il quitta seul Madrid et s'embarqua à Carthagène pour la France. Il ne devait point revoir l'Espagne. Dix ans plus tard, il mourait dans la vieille capitale de la chrétienté. Il repose dans la chapelle de Montserrat, près du palais Farnèse, en attendant de prendre sa place — une des dernières — dans la crypte de l'Escurial.

L'établissement de la République entraîna, en octobre 1931, de nouvelles élections législatives. C'est alors que José s'avisa qu'un siège au Parlement serait une excellente tribune pour défendre l'œuvre de son père. Il décida donc de se présenter comme candidat dans une circonscription de Madrid. Mais il ne voulut s'affilier à aucun parti. Déjà, il se sentait aussi éloigné de la droite que de la gauche. Il précisa sa position dans l'*ABC* du 29 septembre 1931 :

« Je ne me présente pas aux élections par goût de la politique qui m'attire de moins en moins. Parce qu'elle ne m'attirait pas, j'ai passé les six ans de la dictature sans me montrer dans un ministère, sans agir en public d'aucune façon. Dieu sait que ma vocation est au milieu de mes livres ; me séparer d'eux pour me lancer dans le vertige violent de la politique me cause une véritable douleur. Mais, je serais lâche et insensible si je dormais tranquille tandis qu'aux Cortès, devant le peuple, on continue à lancer des accusations contre la mémoire sacrée de mon père. »

Et il ajoutait : « Je défendrai la mémoire de mon père et celle de ses collaborateurs. J'y suis obligé, mais à cela seulement. »

Il disait également : « Je ne demande pas pour mon père une absolution par miséricorde devant la mort. Je demande, j'exige qu'on le juge. »

Son dégoût pour « les exhibitions publiques » était si grand qu'en maintes occasions, il laissa ses amis faire campagne à sa place, à tel point qu'un de ses camarades le rencontrant dans la rue, pouvait lui demander : « Le Primo de Rivera qui figure sur les listes, est-ce toi ou ton oncle José ? »

Cette franchise naïve le conduisit à un échec. Son adversaire, don José Bartolomé de Cossio, un vieux professeur dont l'honorabilité ne pouvait être mise en doute, l'emporta par 36 000 voix contre 26 000 à son jeune concurrent.

Cet échec était nécessaire pour éclairer José. Il comprit que, pour défendre efficacement la mémoire de son père, il lui fallait élargir son champ d'action et se lancer plus complètement dans la lutte. Au cours de la campagne électorale, il s'était aperçu que les vrais ennemis du général n'étaient pas tel ou tel individu qu'il pouvait souffleter dans la rue, mais portaient des noms collectifs : franc-maçonnerie, ploutocratie, marxisme. Il éprouvait un plaisir amer à classer les papiers paternels, à relire les dernières lettres écrites de France. Miguel lui avait rapporté les notes qui renfermaient les ultimes pensées de son père. L'une d'elles le remuait profondément :

« Je lègue à l'Espagne *la hombría de bien*[2] de mes fils et particulièrement de José Antonio. »

C'est ainsi que, peu à peu, l'idée d'une mission à remplir s'imposa à son esprit. Déjà, elle lui était venue par éclairs, mais il l'avait toujours repoussée. En octobre 1931, à Bilbao, dans une réunion publique où il défendait son honneur, les auditeurs avaient été frappés par ce passage de son discours :

« Il faut avoir le courage de soutenir ses convictions, de maintenir énergiquement les principes sans vaciller. Car chaque

---

[2] Le terme espagnol *hombría de bien* est difficile à traduire. Il signifie un ensemble de qualités qui donne à l'individu sa valeur d'homme au sens le plus élevé du mot.

brèche est une petite porte ouverte aux menées révolutionnaires. Le dilemme est : avec la révolution ou contre elle. »

Mais le plus souvent, il fuyait « le vertige violent » de la politique. Dans la plupart des vocations religieuses, il y a d'abord lutte entre le moi égoïste et l'appel à une vie donnée. Ainsi José hésitait au seuil d'une existence nouvelle où il lui faudrait sacrifier en partie tout ce qu'il aimait : sa profession, ses livres, la poésie, le charme des conversations intimes, le calme d'un foyer où une mère adoptive et deux sœurs l'enveloppaient de leur chaude tendresse.

D'autre part, il entrevoyait sans illusion la tâche qui s'offrait à lui, les obstacles, les déceptions, les souffrances et il se connaissait suffisamment pour savoir qu'une fois engagé dans ce chemin abrupt et sans ombre il ne reviendrait pas vers la route facile des bonheurs ordinaires. Non, non, un pareil sacrifice ne pouvait lui être demandé.

C'est alors qu'une seconde fois les événements vont forcer sa décision. La République formée au lendemain du 14 avril, se composait d'éléments disparates, pour la plupart intellectuels de bonne volonté, mais sans expérience politique. Après une période d'euphorie assez semblable à celle qui suivit en France la proclamation de la seconde République, les dissonances s'accentuèrent au sein même du gouvernement. Comme en 1848, les éléments d'extrême-gauche l'emportèrent sur les modérés. Fait plus grave : la Catalogne profita du désordre pour faire sécession. Le président Azaña, malgré son intelligence et son honnêteté, se montra incapable de résister à la poussée marxiste et séparatiste. Des émeutes sanglantes eurent lieu dans les grandes villes. Par réaction contre l'influence trop grande du clergé sous la monarchie, l'anticléricalisme se manifesta par des incendies d'églises et des assassinats de prêtres. Dans le pays, à l'enthousiasme du début succéda la peur.

Comme beaucoup d'autres, le 14 avril, José avait vu poindre avec joie une aube de résurrection pour l'Espagne. Aussi sa déception fut-elle grande devant ce qu'il appela « la victoire sans ailes ». Il n'était pas dans son tempérament de rester passif.

Pouvait-on laisser gâter jusqu'à la pourriture le fruit d'une révolution qu'il avait jugée absolument nécessaire ? Mais le jeune homme n'était pas un impulsif et il ne voulait point se lancer inconsidérément dans la lutte. Il fallait avoir un programme et choisir un parti.

Les partis !... Ils ne manquaient pas dans un pays où l'influence du caudillo, du chef, reste toujours grande depuis les luttes du Moyen Âge.

José observa donc ces partis, d'un coup d'œil aigu et sans idée préconçue. Nominalement, il faisait partie du Faisceau ou Action Espagnole, formé au cours de l'hiver 1931 par les amis du dictateur. Pour diverses raisons, il avait refusé d'en prendre la direction, mettant en avant sa jeunesse ; en réalité, il ne se trouvait pas à son aise dans ce milieu de vieux militaires que leur âge disposait peu à l'action. Après le 14 avril, les monarchistes entrèrent nombreux au Faisceau. Ceux-là, José ne les aimait pas ; quelques-uns avaient été les ennemis de son père et la plupart d'entre eux semblaient avant tout préoccupés de défendre leurs intérêts personnels. Non, décidément, il n'irait pas de ce côté.

Par contre, son goût de l'action et ses tendances révolutionnaires l'attiraient vers un parti dynamique et résolu, fondé en février 1931 par un jeune homme de 25 ans, originaire de Zamora, fils d'instituteur, Ramiro Ledesma Ramos. Celui-ci avait publié, à cette date, un vibrant « appel à la jeunesse » que José admirait beaucoup, et lancé un journal intitulé *La Conquête de l'État*. Plein de fougue et de générosité, Ledesma, très idéaliste, rappelait les premiers apôtres du socialisme français ; comme eux, il groupa autour de lui, ouvriers et étudiants. Ce furent les Juntes d'Offensive Nationale-Syndicaliste, les JONS.

En août de la même année, un jeune avocat de Valladolid, fils d'agriculteurs, Onésimo Redondo, organisa les Conseils Castillans d'Action Hispanique. Lui était moins préoccupé de réformes sociales que soucieux de restaurer les traditions de la vieille Espagne dans le sens de l'honneur et du sacrifice.

Les deux jeunes gens ne se ressemblaient point : Ramiro était petit avec un visage tourmenté, des manières frustes, révolutionnaire d'instinct et d'esprit laïque. Onésimo était distingué avec des traits pleins de noblesse, tourné vers le passé et profondément catholique. Mais tous deux avaient la même ardeur, le même désintéressement, le même amour de l'Espagne. En novembre 1932, ils s'unirent en un parti unique qui prit la devise des JONS : « Pour la Patrie, le Pain et la Justice » et pour emblème le joug et les flèches de la grande Isabelle.

Oui, ceux-là plaisaient à José, mais son esprit indépendant hésitait à se lier à un parti, si attirant fût-il.

Un peu plus tard, il regarda également avec sympathie un autre groupe dont le fondateur, José María Gil Robles, était un brillant professeur de droit à l'Université de Salamanque. Ce parti qui devint important par la suite s'appelait la CEDA ou Confédération Espagnole des Droites Autonomes.

Le groupe de jeunes s'y rattachant était la J.A.P. ou Jeunes d'Action Populaire.

De ce côté, José fut assez vite déçu. Il s'aperçut que l'élan du maître était plus factice que réel et que sa belle rhétorique ne le conduisait pas toujours à l'action. Plus tard, il vit le manque de clairvoyance du chef de la CEDA, sa trop grande souplesse — ou faiblesse — qui en fit le jouet des partis de gauche.

Pendant que José cherchait encore sa voie, l'armée, elle, agissait. Elle était, en partie, restée monarchiste et la République eut la maladresse de mettre au cadre de réserve plusieurs officiers de valeur. Des soulèvements militaires se produisirent dans quelques villes, notamment à Madrid. Le plus grave de ces *pronunciamientos* fut, à Séville, le 10 août 1932, celui du général Sanjurjo, qui faillit réussir. Mais le gouvernement se ressaisit ; des officiers furent fusillés et le général condamné à mort ; à cause de ses éclatants services militaires, la peine fut commuée en détention perpétuelle.

Au moment du soulèvement de Séville, José passait ses vacances à Saint-Sébastien et, bien que Sanjurjo fût un ami de sa famille, il ignorait le complot. Le 10, il était en France avec Miguel.

Néanmoins, le lendemain, à leur retour en Espagne, les deux jeunes gens furent arrêtés alors qu'ils se baignaient sur la plage d'Ondarreta. Lorsque José, de sa manière la plus hautaine, demanda la raison de cette violation du droit, il lui fut répondu :

— Un Primo de Rivera ne peut être resté en marge des derniers événements.

« C'est-à-dire, reprit vivement le jeune homme, qu'on m'arrête parce que je suis le fils de mon père et honorablement connu. » Il ajouta, hargneux : « Le Directeur général de la Sûreté ne sera jamais arrêté pour de semblables raisons. »

Il eut beau protester de son innocence, montrer un procès-verbal pour infraction au code de la route, daté et signé du commissaire de police de Saint-Jean-de-Luz, rien n'ébranla les sbires de la République. Emmené à Madrid, il fut enfermé à la prison Modelo. Premier séjour qui ne dura pas longtemps. Il fut impossible de trouver une preuve de sa participation au complot. À cette occasion, le doyen du Collège des avocats de Madrid, Osorio y Gallardo, éleva une protestation en faveur de son jeune collègue, protestation d'autant plus méritoire qu'il avait été l'ennemi acharné de la dictature.

En novembre suivant, s'ouvrit, à Madrid, le procès des ministres du général et José se chargea de la défense des collaborateurs de son père. En réalité, presque tous avaient quitté l'Espagne pour ne pas être inquiétés. Le plus illustre d'entre eux, Calvo Sotelo, vivait à Paris, ce qui n'avait pas empêché ses fidèles Galiciens, en octobre 1931, de le réélire député à une majorité écrasante. Ironie du sort : le seul présent au banc des accusés était l'ex-ministre de la Justice, presque un vieillard, don Galo Ponte.

La plaidoirie de José fut la première révélation de son talent d'orateur qui ne s'était manifesté jusque-là que dans des discours de peu d'importance. Il y montra les qualités qui ne feront que se développer par la suite : la netteté de la pensée, l'élégance de la forme ; celle-ci, dégagée des défauts espagnols — manque de sobriété, emphase —, s'apparente à un classicisme très français. La voix était chaude avec des inflexions basses et prenantes.

Pour l'avocat, il s'agissait avant tout de défendre l'œuvre du général. Il le fit d'abord objectivement, presque froidement, mais à la fin, il ne put maîtriser son émotion et les larmes lui vinrent aux yeux quand il parla de la mort de son père.

— Cet homme qui était fort comme un grand soldat était sensible comme un enfant... Pour sauver l'Espagne, il avait résisté à six ans de travail sans arrêt, mais il ne put supporter six mois d'affronts. Un matin, à Paris, avec les journaux d'Espagne dans la main, il inclina sa tête, nimbée du martyre, et ce fut pour toujours.

L'attitude du gouvernement vis-à-vis de tout ce qui rappelait la dictature, l'échec des coups d'État militaires, l'aggravation du désordre n'avaient pas encore convaincu le jeune homme que son hésitation devenait lâcheté.

Pourtant son nom, son talent révélé depuis peu, lui valaient les avances de partis désireux de le posséder dans leurs rangs. Il faisait la sourde oreille. Il avait, disait-il, trop de préoccupations intellectuelles pour être un conducteur de foules.

C'était aussi l'impression de ceux-là mêmes qui souhaitaient le compter parmi eux. Juan Aparicio, secrétaire des JONS, a parlé de l'attraction exercée par José sur les jeunes :

— Nous le désirions avec nous et même à notre tête, mais l'illusion s'évanouissait aussitôt, parce que nous le savions volontairement reclus dans son bureau et dans le cercle étroit de l'intellectuel et de l'aristocrate.

Aussi, le 16 mars 1933, l'annonce, dans le journal *La Nation*, d'un nouveau périodique, *Le Faisceau*, produisit d'autant plus de surprise que le nom de José Antonio Primo de Rivera figurait parmi les rédacteurs. Le gouvernement, à qui le souvenir de la dictature faisait perdre la tête, interdit immédiatement la feuille. Belle réclame pour les fondateurs. Naturellement la presse s'empara de l'incident et l'organe monarchiste libéral *ABC* traita le journal mort-né de fasciste. José se chargea de répondre par deux lettres courtoises mais énergiques dont l'une adressée à don Juan Ignacio Luca de Tena fut insérée d'office dans l'*ABC* du 23 mars. L'autre, envoyée à son camarade Julián Pemartín, est écrite avec plus de vigueur encore. Combien de fois par la suite devra-t-il se défendre contre ce terme qu'il considère comme absolument faux !

Cependant, comme pour donner raison à ses adversaires, c'est peu de temps après l'échec du *Faisceau* qu'il va en Italie. Son premier voyage avait été celui d'un étudiant en vacances ; en 1933, il veut avant tout se documenter et aussi voir de près Mussolini.

On ne peut nier que la personnalité du Duce ait fait sur lui une forte impression ; c'est l'homme, plus que la doctrine, qui l'attire... Il s'exalte sur le thème du « héros fait père qui veille sur le repos de son peuple ». Son dégoût s'accentue pour un anonyme et vacillant régime républicain aussi bien que pour une monarchie libérale sans autorité. Il a raconté, avec un enthousiasme juvénile, sa visite au palais de Venise.[3] Il n'y faut pas attacher trop d'importance. Mussolini recevait très facilement et, dans une entrevue d'une demi-heure, les deux hommes n'ont pu échanger que des propos assez vagues. D'ailleurs, José était trop Espagnol et trop fier pour accepter des consignes d'un étranger.

Il faut souvent un temps de recul ou d'éloignement pour juger exactement la situation d'un pays. À son retour à Madrid,

---

[3] « Il est six heures du soir. Rome, après les soucis du jour, se déverse par les rues, sous la nuit tiède. Le Corso est tout mouvement, bruit et paroles, comme notre rue d'Alcalá, à la même heure. La foule entre dans les cafés et les cinémas. On dirait que, seul, le Duce reste au travail, sous la lampe, au fond d'une immense salle vide. Il veille sur l'Italie dont il écoute palpiter le cœur comme celui d'une petite fille. » Prologue au *Fascisme de Mussolini*.

On verra, dans les chapitres suivants, que la doctrine mussolinienne n'a pas influencé José Antonio. Il ne faut pas non plus oublier qu'à cette date, beaucoup d'excellents Français, et non des moindres, admiraient Mussolini.

José fut frappé par la carence du gouvernement en face de la menace marxiste. Cette fois, il est décidé à l'action, le temps des hésitations et des atermoiements est fini. Puisqu'aucun des partis existants ne réalise à la fois son besoin d'ordre et de discipline, sa soif de justice sociale et son rêve d'une grande Espagne, il n'a qu'à organiser, avec quelques amis fidèles, un mouvement qui réponde à toutes ses aspirations.

Au début d'octobre 1933, une première réunion a lieu chez un de ses meilleurs amis, l'aviateur Julio Ruiz de Alda. Là, il expose, en un programme court et précis, le résultat de ses observations et des pensées élaborées, depuis des mois, dans la solitude de son cabinet de travail. Il conclut en ces termes :

— Réaliser la révolution nationale dans le sens de la justice sociale et de la grandeur de l'Espagne.

Ils sont là une vingtaine, jeunes, ardents, décidés à tous les sacrifices pour le redressement du pays. Combien peu, parmi ceux-là, survivront à la tourmente !

On cherche ensuite le nom à donner au nouveau mouvement. Après discussion, on adopte le mot Phalange (en espagnol *Falange*) dont l'initiale rappelle à la fois Front national et Faisceau.

Lorsque se pose la question du chef, tous les regards se tournent vers José, mais lui se récuse avec vivacité :

— Dans ce petit groupe qui aujourd'hui s'initie à la lutte, il n'y a ni inférieurs, ni supérieurs.

Par contre, quand le secrétaire désigné fait quelques objections, José tranche avec autorité :

— Nous ne sommes pas ici pour discuter, mais pour obéir.

À plusieurs reprises, il revient sur la gravité de l'engagement pris aujourd'hui :

— On ne peut plus vivre comme le poisson dans l'eau... Il faut flageller sa jeunesse, ses goûts de plaisir, ses habitudes de mollesse. Il s'agit de fendre la chair physique de l'Espagne pour libérer son âme métaphysique. Peu importe que le scalpel fasse jaillir le sang.

Ce qui importe, c'est d'être sûr qu'on obéit à une loi d'amour.[4]

Il invite les jeunes à la conquête d'un « paradis difficile, élevé, implacable où l'on ne se repose jamais, où il y a contre les montants des portes des anges avec des épées ».

Le triomphe lui-même ne marquera pas la fin des efforts : « Le Paradis n'est pas le repos. Il est contre le repos. »

Ces paroles dures, loin d'effrayer les jeunes, excitent leur enthousiasme et leur ardeur. La vraie jeunesse va d'instinct vers le difficile.

### 29 octobre 1933

Un jour d'automne un peu voilé. Un vent froid vient du nord et déjà la première neige a teinté de blanc les crêtes de la Guadarrama. Un dimanche comme les autres où les Madrilènes se lèvent plus tard que de coutume et, voyant le ciel gris, décident d'aller au ciné ou au théâtre. Finies les corridas dans les arènes de pierre où les riches s'assoient à l'ombre et les pauvres au soleil ! Finies les excursions dans la montagne proche et les retours joyeux dans les trains bondés !

José, lui, se lève de bonne heure comme il en a l'habitude. Il s'habille avec beaucoup de soin ; il a le constant souci de bien faire les plus petites choses. Il semble avoir pris comme ligne de conduite la maxime latine : *Age quod agis* (Fais ce que tu fais).

Il entend la messe dans un couvent voisin ; il sait que les religieuses vont prier spécialement pour lui et la petite appréhension éprouvée au réveil se dissipe peu à peu.

Il est l'heure de partir pour le théâtre de la Comédie, proche de la Puerta del Sol, où se tient la réunion constitutive de la Phalange. Il emmène ses sœurs qui veulent l'entendre. La petite auto jaune file rapidement dans les rues vides du Madrid dominical.

---

[4] Ces paroles se trouvent dans les discours prononcés respectivement en mars et en mai 1935, mais elles sont exactement dans la note de ce jour où José veut qu'on sache à quoi on s'engage en le suivant.

José installe les jeunes filles dans la salle, cause gaiement avec quelques amis retrouvés là, puis il gagne la tribune.

Tout est légal ; le gouvernement, après avoir examiné les statuts, a autorisé la formation du groupe et même permis la radiodiffusion des discours.

La salle est pleine. Enthousiasme, intérêt, curiosité, méfiance se mêlent en un public très disparate : militaires, vieux amis de la famille qui viennent entendre le fils de leur compagnon d'armes ; hommes de droite qui espèrent utiliser le nouveau parti, aristocrates convaincus qu'un grand d'Espagne ne peut que défendre leurs privilèges menacés, avocats prêts à applaudir leur collègue, jeunes filles et jeunes femmes amoureuses ou curieuses, attirées par l'âge et le nom du conférencier, et surtout jeunes gens, étudiants et ouvriers des JONS groupés autour de Ledesma Ramos.

José prend place sur l'estrade. Comme il ressemble peu à un orateur populaire, ce garçon distingué en complet bleu foncé d'une coupe impeccable ! Il a l'air timide et presque soucieux d'un étudiant qui va passer un examen. Il voit devant lui l'assistance dans une sorte de brume comme s'il rêvait. À ses côtés se tiennent les deux amis qui doivent parler avant lui : García Valdecasas, chef du Front espagnol et député aux Cortès, et Julio Ruiz de Alda, l'aviateur célèbre par ses exploits au Maroc. L'un s'exprime en professeur, l'autre en soldat. José les écoute sans bien les entendre. En même temps qu'un brouillard devant les yeux, il lui semble avoir du coton dans les oreilles. Les phrases de son discours si bien préparé, revu cette nuit même, ont fui de sa mémoire. Il fouille dans ses poches, cherchant les notes qu'il y a mises, il ne les trouve pas.

Julio a terminé, l'athlétique garçon s'assied avec un visible contentement. Décidément, il trouve plus facile de piloter son avion au-dessus de l'Atlantique que de parler en public !

— José Antonio Primo de Rivera a la parole.

Le jeune homme se lève machinalement, il faut le pousser jusqu'au microphone. Il a avoué, plus tard, l'espèce d'angoisse qu'il ressentit : « Ce jour-là, à la Comédie, comme j'ai souffert en voyant tous ces bras levés qui m'acclamaient ! Comme ces applaudissements m'ont paru lointains ! »

D'autres craintes l'assaillent. Il a peur que « sa voix ne soit pas agréable... que ses paroles ne rendent pas l'exactitude mathématique avec laquelle il voit les choses dans sa pensée ! »

Alors se produit en lui un curieux dédoublement de personnalité. Il a oublié les phrases de son discours tel qu'il l'a rédigé, mais de son esprit bouillonnant jaillissent d'autres mots « plus neufs, plus jeunes, plus vibrants, plus enflammés » qu'il n'a plus qu'à mettre en ordre au fur et à mesure. La voix est d'abord incertaine avec des inflexions presque enfantines ; puis peu à peu, elle s'affermit, elle s'amplifie, mais sans les accents oratoires factices, fréquents chez beaucoup d'orateurs politiques. « Voix de cristal et de bronze » a dit un de ses amis avec un peu d'exagération littéraire. Mais ses adversaires eux-mêmes conviennent de son charme.

D'ailleurs, un fragment de film parlant nous a conservé une brève phrase de lui et c'est avec émotion que nous l'entendons après vingt ans d'un silence rendu plus profond par la mort.

Le discours commence par une critique serrée du libéralisme sous sa forme politique et sous sa forme économique ; José devient presque violent quand il s'attaque au capitalisme. Ensuite, avec la même dialectique implacable, il fait le procès du marxisme.

La partie positive du discours expose les buts de la Phalange, il insiste sur le caractère du mouvement. La Phalange n'est pas un parti nouveau, ni une coalition de partis. Elle veut unir tous les Espagnols soucieux, à la fois, de la justice sociale et de la grandeur de leur pays. Mais elle n'est pas une manière de penser, elle est une manière d'être.

Pour atteindre cet idéal, une révolution est nécessaire et il ne faut pas reculer devant l'emploi de la force.

Le discours s'achève sur la note poétique toujours chère à José.

Faisant allusion aux campagnes électorales dont « l'atmosphère est celle d'une taverne à la fin d'une nuit crapuleuse », il ajoute :

— Notre place est à l'air libre, sous la nuit claire, l'arme au bras, avec en haut les étoiles.

Les jeunes applaudissent frénétiquement. Mais beaucoup parmi les auditeurs éprouvent un étonnement mêlé d'inquiétude. Les hommes de droite sont déçus : ils ne feront point « leur poulain » de ce garçon au verbe autoritaire, aux paroles hardies. Les aristocrates s'effraient de l'accent mis sur la justice sociale :

— Et quoi ? Le petit marquis est devenu communiste ?

D'autres enfin repoussent le mot révolution et ne veulent pas entendre parler du recours à la force.

José n'est nullement ému par l'opposition qu'il devine, même celle des vieux amis de la famille. Une seule chose le peine : il ne sera point le continuateur de son père.

Il a vu les fautes de la dictature et cette clairvoyance, qui blesse son amour filial, lui est très pénible.

Après un repas intime dans un restaurant voisin, le jeune homme rentre chez lui. Il habite alors route de Chamartín, au nord de la capitale, loin du centre. La villa, à deux étages, est grande et entourée d'un jardin.

Dès qu'il a poussé la grille, ses chiens accourent et lui font fête. Il passe la soirée en famille, il est gai comme toujours quand il est avec les siens ; il a un talent particulier pour imiter les attitudes, la voix des autres en accentuant leurs ridicules. C'est à s'y méprendre et les petites ont des accès de fou rire ininterrompus.

Ce soir-là, il se retire un peu plus tôt que de coutume dans sa chambre ; il sent la fatigue après la tension nerveuse qui l'a soutenu toute la journée. On n'entend aucun bruit dans ce quartier tranquille quand les joueurs de football ont abandonné leur camp. Le silence est seulement rompu par l'heure qui sonne à l'horloge de l'hospice voisin. Il y a maintenant des étoiles, mais le vent qui vient directement de la montagne s'est fait plus froid avec la nuit.

José revit, avant de s'endormir, tous les détails de la journée. Il se rend d'autant plus compte de leur importance qu'il n'a pris aucune décision à la légère. Trois ans se sont écoulés en méditations solitaires, en confrontations amicales, en observations aiguës ; trois ans d'hésitations et de luttes avec lui-même. Peu de desseins politiques ont été plus mûris que le sien. Aussi a-t-il pleine conscience de l'engagement qu'il vient de prendre et de la rupture avec son passé.

À dater de ce jour, il n'est plus l'enfant gâté d'une famille unie. Il lui faudra repousser la douce sollicitude de tia Má, la tendre grâce de ses sœurs, les exigences affectueuses de ses frères.

Il n'est plus le jeune homme distingué que les mères convoitent pour leur fille ; il devra écarter les promesses de bonheur d'un nouveau foyer.

Il n'est plus l'avocat consciencieux qui aime travailler dans la paix de son bureau aux rayons chargés de livres.

Il n'est plus le dilettante qui se plaît à écrire des vers, à parler littérature et art dans un cercle choisi de jeunes esthètes.

Il abandonne tout ce qui lui est cher. Et il ne peut maîtriser une secrète angoisse au seuil d'une vie nouvelle qu'il pressent toute de service et de sacrifice.

« Un autre te ceindra et te conduira où tu ne voulais pas aller. » (Saint Jean, XXI, 18).

## Chapitre IV

# ESPAGNE... MON SEUL AMOUR

*Aimer avec une volonté de perfection.*

AU LENDEMAIN du 29 octobre, José, maintenant José Antonio, ne se laissa pas prendre par la griserie du succès obtenu près des jeunes. À aucun moment, il ne se fera d'illusion sur les difficultés de sa tâche, les combats à livrer, les périls à affronter. Mais le sentiment qui domine déjà en lui n'est pas la peur du danger, ni celle de l'échec momentané, c'est la crainte de ne pas se montrer digne de la mission qu'il a acceptée.

Au cours des semaines qui suivirent la réunion, un courrier volumineux, lettres et journaux, lui fait sentir davantage le poids de ses responsabilités. Les comptes rendus élogieux, les messages dithyrambiques le font sourire ou hausser les épaules. Il passe et ne s'arrête qu'aux critiques. Elles sont d'une extrême diversité.

Les uns le traitent de mauvais fils parce qu'il n'a pas fait l'éloge de la dictature et que son programme est différent de celui de son père. Les autres, au contraire, l'appellent, dans un sens injurieux, fils de dictateur... le Primo de Rivera.

Il en conclut avec tristesse :

— Ils ne voient que mon nom et pas celui qui le porte. Or, ce qui ne m'offense pas comme fils, car j'ai l'orgueil du sang qui est le mien, m'humilie intellectuellement parce qu'on ne me croit pas capable d'avoir une doctrine personnelle.

C'est une des raisons qui l'amèneront à ne se servir désormais que de ses deux prénoms : José Antonio ; très rarement, il signera Primo de Rivera et jamais marquis d'Estella[1]. Mais le terme qui l'offense le plus, dont il souffrira jusqu'au bout, est celui de *señorito*[2].

Il confie ses angoisses à son ami Felipe Ximénez de Sandoval :

— Pour se faire écouter du peuple, faut-il avoir été comme Mussolini et Hitler, ouvrier socialiste ou soldat dans les tranchées, avoir connu la faim et l'amertume des injustices sociales ?

Pourra-t-on l'écouter « lui, seigneur par sa naissance et ses habitudes, lui, gentilhomme et grand d'Espagne ? »

Et comme son ami le rassure et le réconforte, il reprend du même ton triste :

— Oui, je laisserai tout l'intime de ma vie dans les ronces du chemin. Je le ferai. Que Dieu me donne le souffle pour aller jusqu'au bout !

Précisément, des élections devaient avoir lieu, en novembre, pour le renouvellement de la Chambre, biennal d'après la constitution de 1931.

Il décida de se présenter dans la circonscription de Cadix où sa famille paternelle était connue et aimée. Il prit cette résolution sans aucun entrain.

— Je suis candidat, mais je le suis sans foi et sans respect.

Il trouvait illogique de briguer un siège de député alors qu'il attaquait si vivement le régime parlementaire. Ensuite, la campagne électorale, avec tout ce qu'elle comporterait de manifestations spectaculaires, lui donnait par avance la nausée. Mais, d'autre part, il calculait qu'un siège aux Cortès lui conférerait plus d'autorité dans le pays, que ses paroles auraient plus de poids venant d'une tribune officielle et qu'enfin l'immunité parlementaire pourrait lui servir de sauf-conduit.

---

[1] Au début, il a signé un ou deux articles de l'initiale E.
[2] Le terme *señorito* est très difficile à traduire. Les expressions conjuguées : petit monsieur, aristocrate au sens péjoratif, fils à papa, le rendent imparfaitement.

La campagne ne fut pas sans risques. L'Espagnol est chevaleresque et généreux, mais il a aussi le mépris de la vie et il ne craint pas la mort. C'est sans doute pour cette raison qu'il ne recule pas devant l'assassinat.

Le 2 novembre, à Madrid, la première victime tombait sous le poignard d'un socialiste. C'était un tout jeune homme venu du pays de don Quichotte pour s'enrôler dans les rangs phalangistes.

Naturellement, José Antonio, à plusieurs reprises, essuya des coups de feu.

Il tenait des réunions dans l'une ou l'autre de ces délicieuses petites cités andalouses blotties au creux de douces collines plantées d'oliviers.

À San Fernando, plusieurs personnes furent blessées par des balles qui furent tirées dans la salle même du meeting.[3]

Le 19 novembre, le succès couronna la campagne de José Antonio.

Par un retournement fréquent dans les démocraties, la nouvelle Chambre était à droite. La question religieuse l'avait emporté sur toutes les autres ; l'Espagne catholique condamnait l'anticléricalisme de la Chambre précédente. Les socialistes, les vainqueurs de 1931, perdaient la moitié de leurs sièges. Le parti qui obtenait la majorité était la CEDA et le triomphateur du moment, Gil Robles.

En même temps que José Antonio, était élu (pour la seconde fois depuis la Révolution) l'ancien ministre de son père, Calvo Sotelo. Mais il ne vint occuper son siège qu'en avril 1934, quand la loi d'amnistie eut été votée. Lui ne se faisait aucune illusion sur l'avenir. Sa tristesse, en se séparant de ses amis parisiens sur le quai de la gare d'Orsay, révélait comme un pressentiment du sort qui l'attendait dans sa patrie.

Très vite, en effet, la « bonne » Chambre se montra incapable de gouverner. Gil Robles cherchait l'apaisement dans l'accord

---

[3] Une jeune femme, doña Mercedes Larios de Domecq, devint aveugle par suite de ses blessures. C'est sa sœur, Margarita, qu'épousera un peu plus tard, Miguel Primo de Rivera.

entre les partis... Il se rapprocha des radicaux pour faire front contre l'extrême gauche. Il accepta des ministères où figuraient des ennemis déclarés de son parti. Il fut leur jouet, comme dans la précédente législature le président Azaña avait été celui des socialistes dans le même effort de conciliation.

Désormais, la vie de José Antonio ne lui appartient plus. Ses journées sont prises par de multiples occupations aussi absorbantes les unes que les autres. Il exerce toujours sa profession d'avocat qu'il aime avec passion ; les clients lui reviennent maintenant qu'il a prouvé son talent d'orateur. Il est député et ne veut manquer aucune séance importante du Parlement ; ses interpellations sont fréquentes et il n'est pas dans ses habitudes de traiter une question sans l'avoir étudiée à fond. Enfin, il est à la tête de la Phalange et ce n'est pas la moindre de ses occupations : il rédige les articles du journal, il forme les cadres, il parle à Madrid et dans les grandes et les petites villes afin d'étendre son action dans tout le pays.

Cette activité débordante convient à son âge et à ses goûts ; sa santé robuste lui permet d'empiéter sur les heures habituellement données au repos et au sommeil.

Une seule de ses fonctions lui coûte à remplir : celle de député. L'atmosphère d'une salle emplie de discussions oiseuses, de rancunes, de poussière et de fumée lui cause un véritable malaise. Il a besoin de sentir autour de lui une ambiance de sympathie et il lui faut l'air libre et les étoiles. C'est sans doute la raison pour laquelle ses discours aux Cortès sont en général inférieurs aux autres. Il faut en excepter les remarquables interpellations sur la Réforme agraire, sur le besoin d'une révolution espagnole, sans parler de la défense du général Primo de Rivera. José Antonio orateur use de deux procédés : l'ironie et la flamme. Au Parlement, il prend, le plus souvent, un ton âpre et mordant qui nous déçoit bien qu'il n'aille jamais jusqu'à l'insulte ni même l'incorrection. D'ailleurs la raillerie porte fréquemment sur des faits d'actualité auxquels le temps et des événements plus graves ont enlevé tout intérêt. Il en est de même pour les articles de *FE* intitulés : *Le Parlement vu de profil*

— qui tournent finement en ridicule des hommes politiques dont les noms, pour la plupart, sont tombés dans l'oubli.

C'est le 7 décembre 1933 que parut le premier numéro du journal *FE*, FE signifiant à la fois Phalange (*Falange*) espagnole et Foi. Il renferme le programme du mouvement condensé en neuf points (plus tard vingt-sept) qui fixent définitivement les buts essentiels de la Phalange avec la vigueur et la netteté de pensée du Chef.

Cependant, José Antonio était toujours attiré vers les JONS et beaucoup de ces jeunes lui rendaient une sympathie où se mêlaient l'admiration et le désir d'une étroite union. Mais celle-ci était délicate à réaliser à cause de la forte personnalité des deux chefs, et il faut bien ajouter de leur tempérament autoritaire. José Antonio fit les avances et déploya près de Ramiro Ledesma Ramos toute la séduction de sa parole. Des amis communs, comme Juan Aparicio, Onésimo Redondo, aidèrent au rapprochement. L'union fut scellée à Valladolid, le 4 mars 1934.

Les apports mutuels s'équilibraient. Le chef des JONS amenait des troupes nombreuses, résolues, déjà formées à la lutte. Le chef de la Phalange apportait le programme, l'ordre et la discipline qui manquaient à ces équipes vaillantes, mais mal organisées.

Le mouvement s'appela désormais : Phalange espagnole des Juntes d'offensive nationale-syndicaliste ou FE de las JONS.

Il garda la devise : « Pour la Patrie, le Pain et la Justice » et comme emblème le joug et les flèches des Rois catholiques.[4]

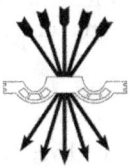

---

[4] En 1469, lorsqu'Isabelle, héritière de la Castille, épousa Ferdinand, héritier d'Aragon, chacun d'eux choisit comme emblème un objet dont l'initiale serait celle du nom du conjoint : pour Isabelle, un faisceau de flèches (Fernando) ; pour Fernando, un joug ou *yugo* (Ysabel).

Les buts communs furent ainsi définis :

— Unité — action directe — programme antimarxiste — ligue économique assurant le salut à la population ouvrière et rurale et aux petits industriels.

Dans la vieille cité castillane, berceau de Philippe II, José Antonio parla, après Onésimo Redondo ; son discours est un des plus beaux qu'il ait prononcés, au point de vue littéraire.

À la tête du groupe fut placé un triumvirat comprenant José Antonio, Ruiz de Alda et Ramiro Ledesma Ramos.

L'effet presque immédiat de cette fusion fut une crise grave dans le recrutement de la Phalange. Il y eut de nombreuses défections : amis du général, aristocrates déjà ébranlés par le discours du 29 octobre, se retirèrent, effrayés par l'afflux de jeunes ouvriers. Au fond de lui-même et sans l'avouer, José Antonio en fut satisfait ; il se débarrassait d'un poids mort et, au moins, on ne le traiterait plus de *señorito*.

Dans le camp opposé, la réaction fut également très vive et se manifesta par des agressions et des meurtres.

Un étudiant fut tué, un soir, en pleine rue d'Alcalá[5], alors qu'il achetait le journal *FE*.

Une feuille de gauche ne manqua pas d'écrire le lendemain : « Le Primo de Rivera envoie ses jeunes gens à la mort pour vendre à vingt centimes les idées de Platon. »

Quelque temps après c'était un gamin de 15 ans qui tombait, frappé d'une balle au cœur. Les camarades frémissaient à chaque nouvel attentat et brûlaient du désir de venger la victime. L'un deux vint exprès de Tolède, faire une scène au Chef :

— Est-ce que nous allons nous laisser tuer comme des mouches ?

José Antonio le calma et lui répondit avec douceur, mais fermeté :

— Nous ne pouvons nous livrer comme eux à des actes de barbarie.

---

[5] La rue d'Alcalá est une des plus vivantes de Madrid, un peu notre avenue de l'Opéra.

L'idée de représailles heurtait, à la fois, son tempérament de juriste et ses sentiments de chrétien.

Dans un livre récemment paru[6], un monarchiste passionné, transfuge de la Phalange et qui n'aime pas beaucoup José Antonio, insiste sur la répugnance de celui-ci à employer la force.

Il écrit : « Je disais fréquemment à José Antonio lui-même qu'il était fait pour être président de la Ligue mondiale antifasciste plus que chef de la Phalange. Cela n'impliquait nullement que la douceur de son esprit civilisé eût prise sur l'énergie de l'homme et le courage proverbial des Primo de Rivera. »

Il ajoute que cette attitude de José Antonio était souvent une cause de frictions entre les deux secteurs de la Phalange, l'intellectuel et le combattant. Dans les rangs joncistes, il y avait de rudes lutteurs dont il fallait freiner le zèle. C'est ainsi que le Chef s'opposa avec indignation à un complot qui consistait à frapper Largo Caballero, dans un couloir de la clinique où il allait voir sa femme.

Ledesma lui reprochait cette douceur qu'à part lui il qualifiait de faiblesse. Beaucoup de jeunes étaient de cet avis. José Antonio dut répondre à l'un d'eux, dans un article intitulé *Lettre à un étudiant qui se plaint que FE ne soit pas assez dur.*

Il fait d'abord appel à son sens chrétien en lui montrant que, s'il emploie la violence, il n'aura pas Dieu avec lui. Il ajoute ensuite à propos du ton du journal :

« Nos publications doivent être toujours bienséantes, propres, remplies d'idées exprimées avec des mots conformes à la plus rigoureuse rhétorique... Un périodique violent tombe facilement dans la vulgarité. Nous voulons une Espagne claire et meilleure. Le deviendra-t-elle parce que nous aurons traité Azaña d'inverti, et les ex-ministres socialistes de voleurs ? »

Cette modération n'empêchait pas José Antonio d'être traîné dans la boue par ses adversaires et sans cesse exposé à des attentats. Sa Chevrolet jaune était une si belle cible ! Un jour,

---

[6] Juan Antonio ANSALDO : *Mémoires d'un monarchiste espagnol, 1931-1952*, Éditions du Rocher, Monaco.

des balles tirées sur la voiture faillirent atteindre le jeune homme. Il stoppa immédiatement, descendit en hâte et courut à toutes jambes sus à ses agresseurs, mais il ne put les rattraper. Cette tentative d'assassinat fit du bruit et un journaliste interviewa le Chef.

Celui-ci conta l'affaire de façon plaisante et, lorsque l'interlocuteur lui demanda ce qu'il avait fait après, il répondit en riant :

— Bien entendu, je m'en allai prendre mon repas. Que vouliez-vous que je fasse ? Qui pourrait rester sans manger en pareil cas ?

L'entretien se termina sur des paroles plus graves en réponse à la question : « Pourquoi auriez-vous regretté de mourir ? »

— Parce que je ne savais pas si j'étais préparé à mourir. L'éternité me préoccupe profondément. Je suis ennemi des improvisations. Aussi bien dans un discours que devant la mort. L'improvisation est une attitude romantique qui me déplaît.

Un autre soir, sur la Puerta del Sol, une pierre lancée dans sa direction, le frôla au visage et alla fracasser la vitrine d'un magasin.

Il retint ses garçons qui voulaient le venger, leur disant :

— Gagnerions-nous quelque chose avec la vie de ces malheureux ? Laissez-les. Je serais content d'exposer la mienne à leurs coups si je savais qu'ainsi ils viendraient à moi.

Aussi ne prenait-il aucune précaution pour sa sécurité. Il mettait les siens dans l'inquiétude quand il rentrait tard dans le quartier lointain et mal éclairé de la route de Chamartín ou lorsqu'il occupait, seul, la villa, pendant les absences de sa famille.

Pour comble, un de ses plaisirs favoris était d'aller à pied dans les rues de Madrid en causant avec des amis. Souvent, à son insu, l'un ou l'autre de ses garçons veillait derrière lui, tel ce brave ouvrier qui le suivit, dans le long trajet du cimetière suburbain au centre de la ville. Mais, en arrivant, il ne put s'empêcher de dire au Chef, d'un ton mécontent :

— Vous ne pouviez donc pas prendre le tram ou le métro comme tout le monde ?

Et relevant le bas de son pantalon, il montra une blessure reçue à la jambe droite.

Ce fut l'assassinat de Matías Montero qui causa au Chef la plus forte peine. C'était un étudiant des meilleurs, des plus dévoués dont il appréciait surtout la qualité d'âme.

José Antonio était allé chasser dans la sierra de Gredos qu'il préférait à celle du Guadarrama parce qu'elle est plus sauvage. L'exercice violent, dans le froid et la neige, avait, comme toujours, reposé son esprit en fatiguant son corps. Il redescendit par Ávila pour jouir du paysage qu'il aimait : au milieu de la campagne toute blanche, l'enceinte grise aux 88 tours de la ville « des saints et des chevaliers ».

En arrivant à Madrid, on lui dit que Matías avait été assassiné dans la rue où il vendait le journal *FE*.

À sa peine s'ajouta un remords. Pendant que cet enfant offrait sa vie, lui ne pensait qu'à goûter l'âpre beauté de la montagne dans un exercice inutile et vain.

Alors, il déclara presque solennellement comme s'il faisait un vœu :

— La sortie d'aujourd'hui est le dernier acte frivole que je mets dans ma vie.

Les occupations absorbantes se succèdent, le printemps n'apporte aucune détente ; les discours au Parlement alternent avec ceux prononcés devant un auditoire phalangiste.

Bien que José Antonio eût dit maintes fois son peu de goût pour les revues et les défilés chers aux dictateurs étrangers, il crut bon, en juin 1934, de réunir ses équipes sur l'aérodrome des Quatre Vents, près de la capitale.

Une photo le montre, toujours en élégant complet, répondant à un gendarme tandis que, plus loin, les recrues s'alignent en une file impeccable.

— Qui assume la responsabilité de cette réunion ?
— Le député aux Cortès José Antonio Primo de Rivera.

À la fois obéissant et malicieux, il lance l'ordre de dispersion et le retour s'effectue dans le même ordre que l'aller.

L'été venu, Madrid se dépeuple. José Antonio de son enfance ambulante a gardé le goût des voyages. Déjà, en mai, il avait fait un court séjour en Allemagne, sans chercher à voir Hitler qui ne lui plaisait pas. C'est également au cours de ce même été qu'il fut accusé faussement d'être allé à Montreux, au congrès de l'Internationale fasciste en compagnie de chefs étrangers dont le Belge Léon Degrelle.

Devant les insinuations répétées de ses adversaires, il se décida à publier une note très ferme qui parut dans la presse, le 19 décembre.

« La nouvelle est absolument fausse. Le chef de la Phalange a été invité, mais il a refusé l'invitation, disant que le caractère du mouvement qu'il dirige est contraire à une direction internationale. D'autre part, la FE de las JONS n'est pas un mouvement fasciste. »

On ne peut pas être plus net.

C'est à Saint-Sébastien, en août, avec les siens, que José Antonio prend ses vraies vacances. Pour la plupart des Espagnols, la côte nord, rafraîchie par les vents venus du large, est le grand refuge contre les chaleurs qui sévissent dans toute la péninsule. Le jeune homme y retrouve quelques amis, cette année-là, Ruiz de Alda, Sánchez Mazas, Francisco Bravo. Pour quelque temps, il dépose le lourd fardeau de ses charges et, cédant à son péché, il revient à la littérature.

En fait, il n'a jamais pu l'abandonner complètement. Il a du mal à mettre un frein à son appétit de lecture. En temps normal, comme ses journées et ses soirées sont rarement à lui, il se lève de bonne heure, parfois à six heures du matin, et il lit ou écrit pour son plaisir personnel. La tranquillité qu'on trouve, en France, dans son bureau, à partir de neuf heures du soir, c'est le matin, quand la plupart des gens dorment, qu'on en jouit en Espagne. Jusqu'à neuf heures, José Antonio est sûr de ne pas être dérangé.

Pendant les vacances, c'est toute la journée qui est donnée à la littérature. Les conversations avec les amis ont lieu sur la plage, entre deux pleines eaux (José Antonio est excellent nageur), dans quelque restaurant typiquement espagnol (José Antonio n'aime pas la cuisine française !), à la terrasse du Nautico où l'on rencontre Picasso qui, après des années d'oubli retrouve son Espagne.

On discute, tour à tour, sur Chesterton et Huxley, sur Zweig et Ludwig, sur Proust et Maurois. José Antonio possède assez bien le français et l'anglais pour lire les auteurs dans le texte.

L'histoire garde ses préférences ; cet été-là, il se passionne pour le *César* de Guillaume Roux et le *Napoléon* de Jacques Bainville, « ces deux titans qui n'ont jamais cessé d'être des hommes de lettres ».

Il y a bien un peu de snobisme chez ces jeunes intellectuels. Ce côté du Chef agace Ledesma et les vieux joncistes qui, heureusement, ne fréquentent pas Saint-Sébastien.

Le soir, José Antonio va dans quelque salon de la haute bourgeoisie où l'on danse. Son entrée suscite toujours un mouvement de curiosité. Son élégance naturelle, son prestige déjà grand attirent les regards féminins ; à la porte, on se montre l'auto qui garde des traces de balles. Les amis du jeune homme lui disent, en riant :

— Nous n'irons plus avec toi, tu nous éclipses.

Parfois, en sortant d'une réunion mondaine, il va sur la Concha ou dans les quartiers ouvriers. Sur les visages se lisent, au passage, la défiance et la rancune. L'ami Bravo qui l'accompagne ne se sent pas très rassuré.

— Un de ces jours, pense-t-il, ils nous flanqueront à la mer avec une balle dans la peau.

José Antonio passe comme un jeune dieu, aussi indifférent aux gestes de haine qu'aux regards d'amour.

Le repos des vacances n'avait pas éclairci la situation politique. Malgré la modération de Gil Robles — ou à cause d'elle —, les partis d'extrême-gauche devenaient de plus en plus menaçants. Ils n'avaient pas accepté leur échec aux élections de 1933 et pour reprendre le pouvoir tous les moyens leur seraient bons. Un soulèvement communiste balaierait les modérés comme fétus de paille.

Le chef de la Phalange se rendait compte de l'infériorité numérique de ses équipes en face des contingents marxistes appuyés par l'étranger, d'autant plus que beaucoup de ses garçons ne savaient même pas tenir un fusil. Il décida d'alerter l'armée qui, plusieurs fois déjà, au cours du XIX$^e$ siècle, avait joué le rôle d'arbitre dans une situation critique.

Le 24 septembre, il écrivit au général Franco.

Pourquoi à lui et non aux généraux Yagüe et Mola qu'il connaissait depuis son enfance ? Il n'avait vu le général Franco qu'une fois et dans des circonstances qui n'avaient rien de politique ; à Oviedo, tous deux avaient été témoins, chacun de son côté, au mariage de Ramón Serrano Suñer, camarade d'études de José Antonio, avec Zita Polo, sœur de doña Carmen Franco. Mais le général était jeune, il s'était couvert de gloire au Maroc et il n'appartenait à aucun parti.

La lettre, naturellement secrète, fut donnée à Ramón qui la remit directement à son beau-frère. Elle était conçue en termes très modérés. Elle ne proposait rien, elle exposait seulement la situation :

« Un soulèvement se prépare contre le gouvernement, non une insurrection de rues vite réprimée, mais un coup de main d'une technique parfaite avec des armes modernes. Or, le gouvernement n'a aucune autorité et ne voudra pas se servir de l'armée pour vaincre la rébellion qui aboutira à l'invasion étrangère et à la séparation de la Catalogne. »

Il n'y eut pas d'accusé de réception. Les deux hommes ne devaient jamais se revoir. Mais la réponse du général se fera le 18 juillet 1936.

Octobre 1934. Les feuilles mortes parsèment les avenues désertes. L'hiver, aux coups de vent rudes, s'annonce déjà. La capitale a perdu son insouciance et sa gaieté ; une sourde inquiétude est dans l'air.

Comme l'a écrit José Antonio quelques jours auparavant, les marxistes se préparent à renverser le gouvernement et à s'emparer du pouvoir. La misère réelle, l'inégalité des conditions sociales, l'absence de réformes profondes, autant de bonnes raisons pour justifier leur dessein. Dans les provinces, la situation est plus tragique encore. Des grèves d'une extrême gravité éclatent aux Asturies où 30 000 ouvriers prennent les armes. Les Basques crient : « À bas l'Espagne ! » L'un des chefs du mouvement autonomiste déclare :

— Pour défendre notre nationalité, tous les moyens nous seront bons, depuis la bombe jusqu'à la guerre.

Enfin, la Catalogne, avec Companys, se proclame complètement indépendante de la République espagnole.

C'est en ces jours critiques et dans une atmosphère de fièvre, que s'ouvre, le 4 octobre, le premier Conseil national de la Phalange. Les congressistes se réunissent au petit palais de Riscal, dans ce quartier de la Castellana qui rappelle à José Antonio tant de souvenirs heureux en attendant les heures sombres dont il sera le théâtre.

Des jeunes gens sont venus de tous les points de l'Espagne, heureux de revoir le Chef, mais leur joie un peu bruyante se calme vite car ils lisent le souci sur le visage aimé.

En raison des événements, une des premières questions posées est celle de l'unité de commandement. Elle avait déjà été agitée dans l'intimité ; plusieurs phalangistes trouvaient illogique et dangereux d'être dirigés par un triumvirat, illogique parce que contraire à leur doctrine, dangereux à cause des circonstances actuelles exigeant des décisions rapides, José Antonio avait résisté à ses amis ; il ne voulait froisser personne, et si Julio était le premier à proposer cette solution, il n'en était pas de même de Ramiro. En tout cas, pensait José, ce n'était pas à lui-même à prendre cette initiative. Que ses amis se débrouillent !

La question est donc abordée, le premier jour, en dehors de lui. Comme on pouvait le prévoir, elle rencontre une vive opposition dans les rangs joncistes. La discussion est longue et parfois houleuse. Quand le bruit s'apaise dans la salle, on entend, au loin, des coups de feu. Il faut avoir recours au vote. Le 6, au matin, José Antonio est désigné, à une assez faible majorité, comme chef national de la Phalange pour trois ans. Loin d'en éprouver de l'orgueil, il sent douloureusement le fardeau qui se fait plus lourd sur ses épaules. Comme à tous les moments graves de sa vie, l'angoisse domine, l'angoisse de ne pas être digne. Il ne peut empêcher sa voix de trembler en prononçant le serment d'usage et il ajoute, ses yeux clairs voilés par l'émotion :

— Je verrai si je suis capable d'accomplir un devoir qui est dur et pénible, mais advienne que pourra. Jamais, je n'oublierai le désintéressement des camarades qui m'ont fait chef national parce qu'ils me croient le plus disposé au sacrifice.

L'atmosphère reste tendue : satisfaction chez les uns, rancœurs secrètes chez les autres. Aussi, l'après-midi, quand les statuts sont approuvés, on passe à la question de l'uniforme. Détail secondaire mais bien fait pour provoquer une heureuse détente chez les jeunes. La mode n'est-elle pas aux chemises ? Justement l'écrivain Luis Santamaría, venu de Barcelone, en arbore une bleue ; Julio qui parcourt souvent les rues, en mission de service, bombe son torse puissant dans une chemise de mécanicien en coton bleu.

Quelques-uns proposent le noir pour rappeler le pourpoint des anciens chevaliers.

— Non, non, crient les autres, c'est la couleur des fascistes italiens, nous ne voulons point les copier.

Luis Aguilar demande le bleu horizon ou le gris pâle à cause de leur peu de visibilité en cas de guerre. On parle aussi du vert, couleur de l'espérance, voire du rouge.

Comme la discussion traîne en longueur, José Antonio tranche :

— La Phalange a besoin d'une couleur de chemise franche, solide, sérieuse, prolétaire. Je décide qu'elle sera de toile de coton bleu foncé. Il n'y a plus rien à dire là-dessus.

Le règlement ajoute qu'elle sera portée sans cravate, avec des manches au-dessus du coude ; la tête sera nue. Les joncistes doivent renoncer à leur petit béret noir que, désormais, ils attacheront sur leur poitrine.

Il était temps que la Phalange resserrât ses rangs. Les nouvelles venant des Asturies, des provinces basques, de Catalogne provoquent la consternation et la peur chez les uns, excitent les passions révolutionnaires chez les autres. Les nuits du 4 et du 5 octobre se passent pour tous dans l'anxiété. Ce n'est plus un pressentiment, c'est une certitude et, d'heure en heure, on attend le déclenchement de la grève générale et de la guerre civile. Des coups de feu éclatent, çà et là, dans les rues sans que la police puisse saisir ceux qui les ont tirés. Des groupes armés sont dispersés, mais se reforment un peu plus loin, à la faveur des ténèbres. La radio de Barcelone lance, d'instant en instant, son lugubre appel : « Catalans, aux armes ! »

Le 6, à huit heures du soir, les premiers combats ont lieu devant les ministères, les commissariats de police, l'hôtel des postes. Des rafales de fusils mitrailleurs balaient les rues tandis que des salves sont tirées des étages supérieurs des maisons afin d'accroître la panique.

Déjà, le 4 et le 5, entre les séances du Conseil, José Antonio prenait sa voiture et, sans souci du danger, parcourait les rues pour tâter le pouls de la capitale et donner des ordres aux centuries. Il avait proposé au gouvernement l'aide des équipes phalangistes pour contenir l'émeute. Celui-ci avait décliné l'offre.

Le soir du 6, le Conseil étant terminé, le Chef commande aux délégués de retourner dans leurs provinces et il leur donne des consignes strictes, car il redoute toujours l'indiscipline. En cas de soulèvement, les phalangistes devront se rendre à la caserne de la ville ou à la gendarmerie la plus proche. Point d'initiative individuelle.

Pendant la nuit du 6 au 7, José Antonio se tient en permanence dans son bureau, des phalangistes en armes restent à la porte du Centre. Lui-même, contre son habitude, a posé sur sa table deux revolvers chargés.

Comme la nuit paraît longue ! Point de cris, point de vociférations, seulement des coups de feu de plus en plus rapprochés. Le Chef, tantôt au téléphone, tantôt à la radio, recueille des nouvelles, plus ou moins exactes, des provinces. Il est plus préoccupé par celles venues de Catalogne que par l'insurrection de Madrid. Comme Calvo Sotelo, il redoute moins une Espagne rouge qu'une Espagne brisée en plusieurs morceaux.

Avec le jour se produit une accalmie soudaine. José Antonio retourne au siège du gouvernement pour demander l'autorisation de défiler dans les rues de la capitale afin de redonner du courage à la population. Le ministre n'ose pas le permettre, il ne veut point courir ce risque, mais il déclare qu'il ne fera rien pour empêcher la manifestation. C'est le 7, anniversaire de la bataille de Lépante gagnée sur les musulmans ; et, dans cette corrélation des dates, le Chef voit un présage de victoire. Les jeunes gens partent du palais de Riscal, suivent les grandes avenues et vont jusqu'à la Puerta del Sol. Deux cents au départ, ils sont bientôt plus de mille. José Antonio marche en tête et derrière lui, des camarades portent un drapeau et une pancarte avec :

« Vive l'unité de l'Espagne ! » Il ne permet pas d'autre cri.

Ce courage tranquille en impose à la foule et même aux émeutiers qui n'essaient point de réagir.

Cette fois, le gouvernement se montra énergique. Il fit arrêter Companys à Barcelone, exiler Azaña. Le général Yagüe fut chargé de réprimer la révolte des Asturies, et le général Franco, appelé à Madrid.

Au Parlement, José Antonio eut quelques mots élogieux pour reconnaître la fermeté des ministres. Mais il demeurait sans illusion. Et comme un de ses amis lui reprochait son attitude aimable vis-à-vis du gouvernement, il répondit :

— Une bataille a été gagnée qui pouvait être décisive, mais la médiocrité cedo-radicale va bientôt stériliser la victoire.

Quelques jours après il partait pour les Asturies où la révolte était domptée. Son entourage avait jugé ce voyage imprudent et cherché à l'en dissuader. Il avait répondu que « l'audace fait fuir le danger » et ajouté, du ton énergique et résigné qu'il prenait quelquefois :

— Mourir avec la Liberté sur les lèvres et dans le cœur, c'est mourir dans la grâce de Dieu.

Il traversa Oviedo à pied, au milieu des ruines fumantes. La ville était plongée dans le silence et la stupeur qui suit les catastrophes. Mais la rancune et la haine, à peine étouffées, couvaient encore comme le feu sous les cendres.

Le courage à froid de José Antonio en imposait à ses ennemis même. À quelque temps de là, il entrait au Savoy, à Madrid, quand il aperçut dans la salle, le chef séparatiste catalan Sbert. À l'étonnement des amis qui l'accompagnaient, il alla droit à lui et le pria de sortir. Il ajouta, courtois et malicieux, que la dame qui était avec lui pouvait rester. Et le couple partit sans demander son reste.

Le 29 octobre, José Antonio présida une messe dite pour les morts de la Phalange, à l'église Santa Bárbara. Il aimait beaucoup cette église où il avait été baptisé, où il avait appris à prier et où encore, aux heures d'angoisse, il venait implorer la confiance et la force au pied du grand Christ placé à droite de la nef. Il aurait voulu qu'on appelât Santa Bárbara, Notre-Dame de la Phalange. La façade baroque se dresse en haut d'un escalier à larges paliers, bordé, de chaque côté, d'un étroit jardin. À la sortie de la messe, il fit ranger les garçons le long des marches et, dans un silence plein de recueillement, il prononça les noms des disparus ; chaque fois, des voix jeunes et graves répondaient : « Présent. » Puis, il récita l'Oraison aux morts de la Phalange composée par Sánchez Mazas. Il termina ainsi :

— Que Dieu te donne l'éternel repos et à nous le refuse jusqu'à ce que nous ayons su gagner, pour l'Espagne, la moisson que sème ta mort.[7]

Bientôt, à ces deuils dont, comme chef, il souffrait doublement s'ajoutèrent des difficultés d'ordre intérieur. Tous les partis connaissent les défections retentissantes, les divergences de vues et les rivalités entre les meilleurs causées souvent par une jalousie inconsciente.

---

[7] Paroles de José-Antonio prononcées pour la première fois le 10 février 1934 à l'enterrement de Matías Montero.

Les gens de droite et les monarchistes s'éloignaient de plus en plus de la Phalange, à cause de son programme social. Certains catholiques, ecclésiastiques et laïques, lui reprochaient sa trop grande indépendance vis-à-vis de l'Église dont l'activité s'étend, en Espagne, dans tous les domaines. José Antonio en était d'autant plus affecté qu'il était profondément catholique. Mais, s'il plaçait le catholicisme à la base du redressement du pays, il estimait que la Phalange était un mouvement national destiné à unir tous les Espagnols, catholiques et non catholiques. Ces derniers étaient assez nombreux. Pouvait-on peser sur leur conscience ou les exclure ?

L'un de ces pieux intransigeants, le marquis d'Eliseda, s'attira cette réponse cinglante qui parut dans l'*ABC* du 1$^{er}$ décembre 1934 :

« L'Église a ses docteurs pour déterminer l'orthodoxie de chacun en matière religieuse, mais parmi ceux-là ne figure pas jusqu'à ce jour le marquis d'Eliseda. »

Beaucoup plus douloureuse fut la rupture avec Ramiro. Le jeune chef joncista conservait toujours de la méfiance à l'égard du grand d'Espagne. Il restait persuadé que, pour conduire les foules, il fallait être un homme du peuple.

Sans doute, à l'instigation de quelques amis communs, il avait accepté l'union des JONS et de la Phalange, mais il estimait qu'il avait plus donné qu'il n'avait reçu. Avec les troupes d'élite de sa « vieille garde », une devise symbolique, il apportait des formules dynamiques dont les phalangistes s'étaient emparés : « *Arriba España* » — « Pour une Espagne unie, grande, libre. »

Dans ces conditions, comment n'eût-il pas été blessé au vif par l'élection de José Antonio comme chef national ?

Déjà, depuis quelque temps, il se montrait rarement au Centre, il gardait un bureau séparé dans l'ancien local syndicaliste. Il ne se gênait pas pour critiquer le Chef et montait contre lui ses plus anciennes recrues.

Ainsi, toute collaboration devenait impossible. José Antonio aimait les situations nettes. Il prononça l'exclusion de Ledesma, en janvier 1935. Décision périlleuse qui risquait de couper en deux un groupe vivant et cohérent, de dresser chaque partie l'une contre l'autre, en un moment où l'union était plus nécessaire que jamais.

Alors, José Antonio se rendit au local des syndicats ; il y alla, non en chemise bleue, mais en complet gris sur une chemise blanche. Ramiro n'était pas là, mais la salle était pleine d'ouvriers qui accueillirent le jeune homme avec des cris hostiles.

Il ne se démonta pas et leur dit, avec le plus grand calme :

— Je sortirai peut-être mort d'ici, mais avant de le tuer, je veux que vous entendiez le *señorito*.

Une demi-heure après, il sortait de la salle entre des bras levés l'acclamant. Plus des trois quarts des joncistes restèrent avec lui, de même qu'Onésimo Redondo et ses équipes castillanes.

On peut se demander les raisons de l'ascendant exercé par José Antonio dans les milieux populaires. À première vue, tout l'en éloignait. Malgré ses efforts, il n'avait jamais pu se dépouiller complètement de ses habitudes d'intellectuel et de grand seigneur. Très distingué, extrêmement soigné dans sa mise, la chemise bleue à manches courtes lui allait mal et il ne la revêtait que dans les grandes occasions. De plus, son tempérament et peut-être son atavisme militaire le rendaient autoritaire, parfois cassant. Enfin, son éloquence n'était pas celle d'un tribun du peuple. Sa modération, son style d'une pureté classique, sa pensée parfois philosophique, son ironie fine semblaient faits pour dérouter les simples.

D'où vient donc ce magnétisme incontestable qu'il exerce sur les masses[8] ? Sans doute, il peut s'expliquer par une séduction extérieure venant de sa jeunesse, de sa force physique, de

---

[8] La plupart de ceux qui ont approché José-Antonio parlent de ce magnétisme qui se dégageait de lui. Bravo dit « un fluide mystérieux » et il ajoute ce détail curieux : José-Antonio ne pouvait porter de montre à son poignet ; celle-ci, en contact avec son organisme, avançait ou retardait suivant ses réactions.

sa distinction, de son clair regard, du charme de sa voix. Mais, surtout, il se dégage du plus profond de son âme, de l'ardeur brûlante de sa foi, de son désir passionné de justice sociale, de son absolu désintéressement, de son esprit de sacrifice. Ces vertus-là, les gens du peuple sont plus aptes que d'autres à les comprendre.

Lesdema avait, lui aussi, cédé à ce charme, mais il lui était plus difficile de l'admettre quand il s'exerçait sur ses propres troupes. Il lui aurait fallu un désintéressement presque surhumain pour accepter un second rang après avoir occupé le premier. Malheureusement sa nature fougueuse réagit avec force. D'abord, il essaya d'attirer à lui le plus grand nombre de jeunes gens et même des amis de José Antonio. Il écrivait à Bravo[9] :

« Vraiment prends-tu au sérieux celui que tu appelles Chef ? Notre attitude est claire et n'est pas atteinte par les allégations calomnieuses avec lesquelles on essaie d'influencer ce pauvre trompé qu'est Primo. »

Il fonda un autre journal : *La Patrie Libre*, qui portait en exergue : Rien de national ne nous est étranger. Il continua à être le champion du mouvement syndical, mais aussi hélas ! il mena une campagne injurieuse contre José Antonio, allant jusqu'à le déclarer « absolument dépourvu de toute capacité ». Il parla de sa « méfiance quasi maladive à l'égard de ses collaborateurs les plus en vue ». Assertion des plus fausses : José Antonio, indifférent au risque, ne se préoccupait pas de trahison possible. De plus, il possédait une ingénuité foncière qui le poussait à voir les autres plus francs et meilleurs qu'ils n'étaient.

À son tour, il répondit à Ledesma dans le journal *Arriba* qui remplaça *FE* et dont le premier numéro parut le 31 mars 1935.

---

José-Antonio était grand et musclé, très bien proportionné. Physiquement il donnait une impression de puissance sans lourdeur.

[9] Francisco Bravo, ami de Ledesma et jonciste, fut littéralement séduit par José Antonio lors du meeting de Valladolid en mars 1934 et de la conversation intime qui suivit. Il ne répondit pas à Ledesma et resta tout dévoué à José Antonio.

José n'était point violent, mais son ton mordant, la finesse de ses railleries portaient plus que les injures de Ledesma.

Il regrettait cette rupture et il retint toujours ses garçons qui voulaient châtier l'insulteur. Il disait, sur un ton de regret :

— Malgré ses défauts, Ramiro est très intelligent.

Un peu plus tard, Ledesma continua ses attaques dans un livre intitulé *Fascisme en Espagne* qu'il signa d'un pseudonyme.

Il vaut mieux ne pas insister sur cette triste querelle qui met aux prises deux hommes de valeur. Il est consolant de les voir réconciliés, à la prison Modelo, et unis à jamais dans la même mort héroïque.[10]

Après les secousses violentes d'octobre 1934, l'année 1935 se passa dans un calme relatif, plus apparent que réel.

Gil Robles, qui avait le portefeuille de la Guerre, s'efforçait d'enrayer les funestes effets de la propagande marxiste dans l'armée. Plusieurs officiers supérieurs furent réintégrés et le général Franco nommé chef d'état-major général.

Mais la combinaison Lerroux-Robles était peu viable, l'un glissant à gauche, l'autre à droite. L'extrême gauche, irritée par l'échec du coup de main d'octobre, renforçait ses positions et constituait le Front populaire.

C'est au cours de cette année que José Antonio, tel un missionnaire infatigable, parcourut davantage l'Espagne, pour y faire entendre les vérités salvatrices. Ce rôle lui était pénible. Sa nature réservée, son comportement volontiers silencieux sauf dans l'intimité, l'éloignaient de toutes les manifestations publiques. Il l'a dit lui-même non sans amertume :

— Pour être fidèle à notre mission, nous allons de ville en ville, supportant la honte des exhibitions, criant à pleine voix ce que nous avons élaboré dans la solitude et l'austérité, souffrant que nos paroles soient déformées et par ceux qui ne les comprennent pas et par ceux qui ne veulent pas les comprendre.

---

[10] En mai 1936, Ramiro alla voir José Antonio à la prison Modelo et celui-ci lui pardonna de grand cœur toutes ses vilenies.
Il fut massacré à Madrid, le 29 octobre 1936, moins d'un mois avant José Antonio.

Il est juste d'ajouter que ces randonnées, à travers le pays, offraient aussi des compensations. Elles éloignaient le jeune homme, pour quelques heures, de l'air empesté du Parlement et de l'atmosphère fiévreuse de la capitale. Souvent, la jeunesse y reprenait ses droits ; il laissait ses garçons se détendre et se détendait avec eux. À l'aller et au retour, il gardait près de lui l'un ou l'autre de ses amis et une conversation intime le consolait de l'incompréhension redoutée ou constatée dans son auditoire.

Si José Antonio, sur la plupart de ses photos, a une expression grave, presque triste, s'il a toujours eu la conscience de ses devoirs et peut-être les pressentiments de l'ultime sacrifice, il serait faux de le montrer pessimiste et hostile à toute gaieté. Loin de là ! Il aime la vie, non pas seulement les jouissances de l'esprit, mais toutes celles que peut goûter un homme dans la plénitude de sa jeunesse et de sa santé, bien entendu sans manquer à la morale et à la bienséance. Le temps lui fait défaut pour se donner aux sports comme autrefois, mais quand il peut dérober quelques heures à ses tâches, il jouit doublement du repos de l'esprit qu'il trouve dans l'exercice physique.

En tournée, avant ou après la réunion politique, il y a un moment pour la recherche des curiosités artistiques ou pittoresques de l'endroit. Il y en a un autre pour le déjeuner. José Antonio se contente volontiers des mets populaires : paella, caldo[11], mais le gourmet reparaît aussi et choisit — encore un péché que lui reprochent les vieux joncistes — le restaurant le plus réputé de la ville, telle la Venta de Aires, à Tolède, où le cuisinier accommode si bien les perdrix.

Si l'Espagne entière est son champ d'action, la Castille est son domaine préféré. Le paysage austère et dépouillé, aux lignes nettes sur un ciel sans nuages figure l'idéal qu'il veut atteindre. Et les cités castillanes gardent dans leurs vieilles pierres le souvenir de la grande Espagne qu'il désire ressusciter.

---

[11] Paella : riz préparé avec toutes sortes d'ingrédients. Caldo : sorte de pot-au-feu.

Dans la lutte entre un double atavisme, la Castille l'emporte maintenant sur l'Andalousie. Il l'a chantée, cette province qui a fait l'Espagne et qui reste dépositaire des vertus ancestrales, en une page digne de figurer dans une Anthologie.[12]

Parce qu'il comprenait la Castille, il savait trouver les mots simples, à la portée de ces hommes rudes, penchés sur un sol ingrat, durcis par un climat sans nuances. Les paysans écoutaient d'abord, avec un peu d'étonnement, ce jeune député, si différent de ses collègues. Il ne faisait point de promesses de paradis terrestre, il n'agitait pas le slogan de la Réforme agraire chère aux politiciens. Il parlait, au contraire, de service et de sacrifice. Mais, quand il évoquait la gloire passée de l'Espagne, le sang des compagnons du Cid et des conquérants du Nouveau-Monde tressaillait dans les veines des vieux Castillans.

---

[12] « Cette terre de Castille qui est la terre sans habits de fête, sans ornements, la terre absolue, la terre qui n'a pas de couleur locale, ni de caractéristique, qui n'a pas la rivière, le sentier, la colline, la terre qui n'est pas, il s'en faut, la réunion de plusieurs domaines, ni le support d'intérêts agraires que l'on marchande dans les assemblées, mais qui est la terre dépositaire des valeurs éternelles, l'austérité dans la conduite, le sentiment religieux de la vie, la parole et le silence, le lien entre les ancêtres et les descendants. Et, sur cette terre absolue, le ciel absolu, le ciel tellement bleu, tellement sans voiles, sans reflets verts des frondaisons terrestres qu'on le dirait presque blanc tant il est bleu.

« Ainsi la Castille, avec la terre absolue et le ciel absolu, n'a jamais pu être une province, elle a dû toujours aspirer à être un empire. La Castille n'a jamais pu comprendre le local. La Castille a pu comprendre seulement l'universel et pour cela, la Castille se refuse à elle-même, elle ne se fixe à aucune limite, peut-être parce qu'elle n'a pas de limites, ni en largeur, ni en hauteur.

« Ainsi est la Castille, cette terre émaillée de noms merveilleux : Tordesillas, Medina del Campo, Madrigal de las Altas Torres, cette terre de Chancelleries, de foires, de châteaux, c'est-à-dire de Justice, d'Armée, de Commerce. Elle nous fait comprendre ce que fut cette Espagne que nous n'avons plus et qui nous serre le cœur par la nostalgie de son absence. »
Discours prononcé à Valladolid, le 4 mars 1934, lors de l'union de la Phalange et des JONS.

Ce langage n'était pas seulement compris des simples, mais de certains intellectuels qui cherchaient aussi, dans le passé, les fondements de l'Espagne de demain. C'est ainsi qu'à Salamanque, le 10 février, José Antonio eut la joie d'être présenté à l'écrivain Miguel de Unamuno[13]. Bravo, qui était Salamantin, le connaissait, mais il redoutait un peu l'entrevue parce qu'Unamuno s'était élevé avec force contre la dictature et que son ami était d'une susceptibilité farouche quand il s'agissait du général. Tout se passa bien. La conversation fut amicale, malgré le froid qui régnait dans le bureau où le maître travaillait toujours sans feu. Bravo fut obligé de rappeler l'heure de la réunion et, au grand étonnement des jeunes gens, Unamuno se leva et déclara qu'il les accompagnait, sans pardessus...

Après le meeting, il assista également au banquet qui suivit, toujours à côté de José Antonio. Le vieux libéral qui avait combattu le père se rapprochait du fils. Il avait été frappé par ce que le jeune homme avait dit, précédemment, sur l'âme de l'Espagne et sur la dignité de la personne humaine.

José Antonio se montra plus heureux d'avoir conquis l'écrivain que de constater l'enthousiasme des étudiants de la vieille Université, en sortant du théâtre où s'était tenue la réunion.

Mais les rapports entre les deux hommes en restèrent là. Des reportages maladroits, à propos de paroles qu'Unamuno avait effectivement dites, froissèrent l'écrivain, d'ailleurs trop indépendant et trop impulsif pour s'attacher longtemps à un homme ou à une doctrine.

Suivons José Antonio à travers la Castille.

---

[13] Miguel de Unamuno (1864-1936) est une des plus fortes personnalités de l'Espagne contemporaine. À la fois philosophe, romancier, poète, essayiste, ses ouvrages les plus remarquables sont : *Le Sentiment tragique de la vie, L'Essence de l'Espagne, L'Agonie du christianisme*. Professeur de grec, il fut longtemps recteur de l'Université de Salamanque. Il dit notamment à José Antonio : « Le rôle de votre père est déjà dans l'histoire ; le vôtre est dans l'avenir, et ils seront différents l'un de l'autre. »

*Tolède*, un jour d'hiver ensoleillé et froid.

La vieille cité sarrazine se prête plus à des dissertations sur l'art que sur la politique. Et voilà les jeunes gens, heureux comme des écoliers en vacances, qui déambulent dans les rues étroites où résonne, clair et sec, le sabot de l'âne lourdement chargé.

Felipe prétend qu'il existe, dans l'église Saint-Roman, des momies fort bien conservées. Il faut aller les voir. Mais, en Espagne, les portes des églises et des couvents sont plus souvent fermées qu'ouvertes. Il y a toujours un sacristain introuvable ou un tour bardé de fer qui ne vire qu'au quatrième ou cinquième tintement de cloche du visiteur, et Dieu sait si la cloche est puissante !

La porte enfin ouverte, déception : point trace de momies.

Aussi, depuis ce jour, lorsqu'on parle, devant José Antonio, d'une chose peu vraisemblable, il a coutume de dire : « C'est encore une momie de Felipe... Mieux vaut aller chez le Greco. » Et, dans la petite maison trop bien arrangée et vide de touristes, les jeunes gens traitent de problèmes d'esthétique. L'heure du repas les ramène de l'autre côté de la ville, à la fameuse Venta de Aires[14]. En traversant le Zocodover, place principale de Tolède, Sanz, qui a quelque talent de barbouilleur, déclare qu'il peindra sur le vieil Arc de Sang un joug et des flèches de grandeur impressionnante. José Antonio a toujours besoin de calmer l'impétuosité de ses garçons.

Ils sont seuls dans la grande salle du restaurant. La conversation, d'abord animée et joyeuse, tourne au grave, à la fin du repas.

On disserte sur le courage et, comme les regards se fixent sur le Chef, il déclare, un peu agacé :

— Le courage est une affaire d'adrénaline. J'ai des réactions très lentes.

Ainsi, pense-t-il, il n'a aucun mérite à être impassible devant le danger. Il fait ensuite l'éloge de son jeune frère Fernando qu'il admire beaucoup et qu'il juge « le plus courageux de la famille ».

---

[14] Auberge ou Hôtellerie des Airs.

Ses amis en profitent pour lui reprocher ses imprudences et le supplier de prendre des précautions. À quoi il répond avec vivacité :

— Péril ? Persécution ? J'accomplis mon devoir. Nous vivons des heures décisives ; je ne puis rien marchander, même pas ma vie.

Alors, pour secouer la mélancolie qui les gagne, il propose d'aller voir le soleil se coucher sur Tolède. Par les vieilles portes et le pont d'Alcántara, ils gagnent la rive gauche du Tage. Les jours sont courts et la nuit tombe déjà. L'ombre a envahi la gorge où coule le fleuve, mais un rayon rose persiste encore sur la ville. Il s'éteint bientôt ; les maisons, les couvents, les églises dressées sur le roc, ne forment plus qu'une masse indistincte d'où jaillissent, en noir sur le ciel clair, le haut clocher de la cathédrale et les tours de l'Alcázar.

Un long moment, les jeunes gens contemplent la vision qui a séduit tant d'artistes. José Antonio, qui ne peut s'empêcher d'avoir des réminiscences classiques, montre la forteresse de cette Acropole et dit lentement :

— C'est notre Parthénon. L'autre est trop loin et n'est qu'archéologie.

Dans la journée, on lui avait assuré que les cadets de l'Alcázar étaient presque tous phalangistes et que leur commandant, le colonel Moscardó, était capable de transformer l'École en un réduit imprenable[15].

*Sigüenza*, un jour de pluie.

Sigüenza, petite ville, sur les confins de la Castille, endormie dans la paix des siècles, au pied de la montagne. Il y a là un petit

---

[15] L'École militaire d'infanterie était alors dans les bâtiments de l'Alcázar détruits en septembre 1936, après la défense héroïque du colonel Moscardó qui préféra laisser fusiller par les Rouges son fils de 18 ans, plutôt que de rendre la forteresse. José Antonio alors à la prison d'Alicante, n'a pu connaître ce sacrifice qui l'eût enthousiasmé.
L'École militaire actuelle se trouve dans de magnifiques bâtiments neufs, sur la rive gauche du Tage, face à la ville.

groupe de phalangistes qu'il faut épauler. Cette fois, José Antonio est venu par le train.

Il sort de la gare sous une averse torrentielle comme en connaissent les pays continentaux. Un garçon espiègle se précipite et ouvre sur la tête nue du Chef un grand parapluie.

— Tu ressembles au Négus, disent les autres. (On était au temps de la guerre d'Éthiopie.)

Le petit groupe se dirige d'abord vers la cathédrale et là, José Antonio s'arrête devant le tombeau d'albâtre d'un jeune chevalier.

— Celui-là, dit-il, fut un phalangiste du XV$^e$ siècle, un damoiseau qui cessa de jouer à la paume sur les murs du palais de son oncle, l'archevêque, pour aller combattre devant Grenade, aux côtés de la bonne Reine. Il fit bravement son devoir et un jour, dans un assaut repoussé, il fut blessé et mourut noyé dans un des canaux de la huerta.

Alors, il fut convenu que les garçons de Sigüenza prendraient le damoiseau de la cathédrale comme emblème sur leur fanion[16].

Un autre jour, à *la Granja*.

José Antonio a d'abord parlé à Ségovie, vieille ville castillane qui dresse aussi, sur le roc, sa cathédrale et son Alcázar. Il a ensuite tenu une réunion à la Granja où se trouve le château que Philippe V fit construire pour apaiser sa nostalgie de Versailles. Le château est laid, les jardins sont beaux. Mais il s'agit bien de se promener entre les cyprès et les myrtes, au bord des bassins où coule l'eau fraîche descendue de la montagne. Il est tard, José Antonio sent la fatigue ; il lui semble que le courage insufflé aux autres a momentanément épuisé le sien.

---

[16] Le « Doncel de Sigüenza » (œuvre d'art d'une grande beauté) représente un jeune cavalier étendu sur son tombeau : il a l'épée au côté et, légèrement soulevé, il lit un livre qu'il tient dans ses mains. C'est ce double symbolisme qui a charmé José Antonio et lui fit assimiler le jeune chevalier au style qu'il voulait pour la jeunesse phalangiste.

Il veut toujours conduire sa voiture lui-même, mais la route est dangereuse, la nuit ; elle monte en lacets entre les noires forêts de sapins, passe à 1 500 mètres au col qui sépare la Vieille Castille de la Nouvelle et redescend, avec les mêmes sinuosités, le versant sud de la Guadarrama. Toute l'attention du jeune homme se concentre sur la route que les phares éclairent d'une lueur blanche, comme irréelle. Une peur physique due à la fatigue l'étreint tout à coup : les talus vont se resserrer, lui barrer le passage, ou la voiture ira s'abîmer dans le ravin, ou, au prochain tournant, un camion surgira et sa main crispée ne pourra plus manier le volant. Lorsque le chemin redevient droit, José Antonio, vaincu par la lassitude, s'assoupit un moment, il est brutalement réveillé : son front penché a heurté le volant avec force.

Enfin voici les lumières de Madrid et bientôt la montée des Rosales. Le Chef, de méchante humeur, déclare à son compagnon :

— Pour rien au monde, je ne retournerais à la Granja par cette maudite route.

— Pas même pour un million de pesetas ? reprend l'autre en riant.

— Non, pas même pour cela.

— Pour le triomphe de la Phalange alors ?

— Oh ! oui, pour cela, aujourd'hui même.

Le visage las au front meurtri s'éclaire d'un sourire et la flamme d'amour brille à nouveau dans les yeux clairs.

CHAPITRE V

# POUR LA PATRIE, LE PAIN ET LA JUSTICE

> *À une foi, il suffit d'opposer une autre foi.*

« EN VAIN, nous avons parcouru l'Espagne en nous égosillant ; en vain, nous avons écrit dans les journaux. L'Espagnol, s'en tenant à ses premières conclusions, nous refuse, même à titre d'aumône, ce que nous estimerions le plus : un peu d'attention. »

José Antonio, comme tous les intellectuels, éprouvait le besoin de convaincre les autres par la parole et par la plume. Ce prétendu chef fasciste repoussait l'emploi de la force et, comme un bon libéral, il espérait amener ses compatriotes à ses idées par la logique de ses raisonnements et la générosité de ses convictions.

Naïvement, il s'étonnait qu'un si grand nombre refusât de l'entendre et que, d'autres, l'écoutant, ne le comprennent pas ou ne veulent pas le comprendre.

En effet, il s'est toujours débattu entre les intérêts égoïstes, l'indifférence et la haine.

Lourde méprise des partis de droite inquiets de la marche des événements et qui espéraient que la Phalange combattrait « pour la sauvegarde de leurs digestions » (José Antonio).

Inertie de beaucoup qui ne voyaient dans le comportement de ces jeunes gens qu'un jeu d'enfants terribles, heureux de dépenser leur force en batailles de rue.

Mauvais vouloir des partis de gauche qui s'en tinrent toujours à leur première définition : « La Phalange est une organisation du crime au service du capitalisme. »

Pourtant, dans les trois années si remplies de sa courte vie publique, José Antonio n'a cessé d'exposer ses idées dans des discours et des articles de journaux. Si les 27 points de la Phalange sont une synthèse un peu brève de son programme, de nombreux discours les développent dont quelques-uns sont particulièrement importants.[1]

Des articles parus dans les deux périodiques de la Phalange, *FE* et *Arriba*, et dans d'autres journaux, viennent encore préciser ses idées.

La pensée de José Antonio est toujours nette, parfois à l'excès, en tant que la trop grande clarté nuit au développement en profondeur. La forme est d'une correction parfaite, souvent

---

[1] Les discours les plus importants de José Antonio sont les suivants :
- 29 octobre 1933, au théâtre de la Comédie : fondation de la Phalange ;
- 4 mars 1934, à Valladolid : union de la Phalange et des JONS ;
- 3 mars 1935, à Valladolid, discours intitulé : *l'Espagne et la barbarie* ;
- 28 mars, à Madrid : *État, individu et liberté* ;
- 9 avril, à la Chambre de Commerce de Madrid, conférence intitulée : *Devant un carrefour de l'histoire politique et économique du monde* ;
- 19 mai, à Madrid : *Sur la Révolution espagnole* ;
- 23 et 24 juillet : discours prononcés au Parlement sur la réforme agraire ;
- 17 novembre, au ciné Madrid : discours de clôture du second Conseil national de la Phalange ;
- 2 février 1936, au ciné Europa de Madrid : *La Phalange devant les élections*.

D'autres vaudraient encore la peine d'être cités, mais l'énumération en serait trop longue et, au cours de ces chapitres, de nombreux emprunts y ont été faits sous forme de citations.

imagée, avec des paroles ardentes condensées en devises, frappées comme des médailles. José Antonio a un tempérament de poète et certains passages de ses œuvres peuvent figurer, à bon droit, dans des morceaux choisis de littérature espagnole.

Sa formation intellectuelle est solide : bonne culture classique, étude approfondie du droit, nombreuses lectures personnelles souvent orientées vers l'histoire. Au point de vue politique, il possède une connaissance, développée par la réflexion, des grands écrivains étrangers du XVIII au XX$^e$ siècle, de Rousseau à Lénine. Il a également l'expérience, vécue au jour le jour, de la dictature paternelle dont l'amour filial ne lui a pas caché les défauts.

Venons maintenant au point délicat des influences contemporaines. Écartons complètement celle d'Hitler ; l'esprit tout classique du jeune homme avait un parti pris très net contre tout ce qui touchait au romantisme dont l'hitlérisme lui semblait une manifestation. Lui qui connaissait très bien les écrivains français et anglais paraît s'être détourné des génies d'outre-Rhin.

Par contre, nous savons son admiration pour Mussolini, le Mussolini de la première période, le Bonaparte du Consulat qui n'a pas encore cédé au vertige de l'orgueil. Mais, nous savons aussi qu'il a toujours énergiquement repoussé l'appellation de fasciste. Les témoignages les plus probants en sont les deux lettres écrites en 1933, le discours de Valladolid, en mars 1934, et surtout la note si ferme où il dément avoir été à Montreux.[2]

Il serait puéril, dans ce débat, de verser contre lui des détails insignifiants comme la chemise de couleur, mode de l'époque, et le bras levé qui a été longtemps le salut aux souverains.

Par contre, l'aversion du Chef pour toute mise en scène, pour les défilés spectaculaires, pour la divinisation d'un homme peut servir d'arguments en sa faveur.

---

[2] Un jour, à Salamanque, un étudiant qui le suivait, cria : « Vive le fascisme ! » José Antonio se retourna et le blâma avec sévérité, lui disant qu'il ne permettait d'autre cri que : « *Arriba España !* »

Mais, il y a des différences autrement profondes entre le fascisme et la doctrine de José Antonio. Deux surtout apparaissent fondamentales :

Le fascisme asservit l'individu à l'État ; comme dans les pays communistes, tout dans la vie de l'homme, même son existence privée, est subordonné à une autorité supérieure et despotique.

José Antonio met à la base de son système la valeur et le respect de la personne humaine ; l'État coordonne et supervise les activités individuelles, il ne les absorbe pas.

En second lieu, le fascisme est d'essence païenne. Le culte du Chef, la mainmise sur la jeunesse, l'exaltation de la force, la conception du surhomme sont opposés à l'idéal chrétien.[3]

Pour José Antonio, l'Espagne ne peut être que catholique ; le catholicisme est, pour ainsi dire, sa racine et c'est aussi la condition première de son relèvement.

Si nous entrions dans les détails, nous verrions d'autres oppositions, par exemple entre la doctrine syndicaliste de la Phalange des JONS et le corporatisme italien. Et Mussolini n'a jamais été ému par la misère des Italiens du Sud, ni envisagé une réforme agraire aussi complète que celle exposée au Parlement par le jeune député espagnol.

D'autres influences contemporaines ont certainement aidé à la formation politique de José Antonio. Bien qu'il ait reproché à Calvo Sotelo ses attaches avec l'Action française, lors du séjour de celui-ci à Paris, lui-même a dû être attiré vers ce parti d'intellectuels. Il a aimé Bainville et sans doute lu Maurras ; sa critique de la philosophie du XVIII$^e$ siècle s'apparente étroitement à celle du Maître français.

---

[3] Note de l'éditeur : Nous ne partageons aucunement la vision du fascisme (supposé despotique et païen) exposée par Gilles Mauger dans ces derniers alinéas. Nous estimons notamment que fascisme et catholicisme sont parfaitement conciliables et renvoyons les lecteurs intéressés par cette question aux travaux de Joseph Mérel et Jean-Jacques Stormay ou aux écrits d'Adrien Arcand et Léon Degrelle par exemple.

La partie négative de la doctrine phalangiste consiste d'abord en une critique vigoureuse de la politique espagnole, à partir du XVIIe siècle.

Depuis Philippe II, les Rois ont cessé de remplir leur mission, abandonnant le pouvoir à des ministres, à des favoris souvent incapables. Le jeune homme rompt avec la tradition familiale, il n'est plus monarchiste ; il le redeviendrait « si Ferdinand et Isabelle revenaient ». Il a donc applaudi à la Révolution de 1931 qui a « renversé une forme vide de contenu ».[4] Mais l'espoir en un changement sauveur s'est tôt évanoui. Le libéralisme qui avait été une des causes de la déchéance de la monarchie s'est avéré plus nocif encore sous la république.

Les attaques de José Antonio contre Rousseau et sa critique du libéralisme politique sont d'une force et d'une clairvoyance remarquables. Il suffit d'en citer les passages les plus saillants.

« Le libéralisme est, en un sens, un régime sans foi, un régime qui abandonne tout, même l'essentiel du destin de la patrie, à la libre discussion. Pour le libéralisme, rien n'est absolument vérité, ni mensonge. La vérité, dans chaque cas, est ce que proclame le plus grand nombre de voix. Ainsi peu importe au libéralisme qu'un peuple décide de se suicider si la proposition de suicide est conforme à la procédure électorale...

« L'État libéral n'est pas l'exécuteur des destins de la justice, mais le spectateur des luttes électorales...

« Un homme doué pour la fonction de gouverner qui est la plus noble des fonctions humaines n'a qu'à employer 80, 90, 95 % de son temps à accueillir des réclamations et à faire de la propagande électorale.

---

[4] On a mis en avant la rancune personnelle de José Antonio contre Alphonse XIII à cause de la conduite peu franche du monarque vis-à-vis du général. Il est certain que le jeune homme avait peu de sympathie pour le roi, mais ce sentiment n'a rien à voir avec sa doctrine politique. Il gardait un grand respect pour la royauté. À l'un de ses procès, interrogé sur ses rapports avec « le Bourbon », il refusa de répondre tant que le juge traiterait de cette façon « don Alphonse XIII ».

« L'État libéral ne croit en rien, même pas en lui-même ; il assiste, les bras croisés, à sa propre destruction. »

Si José Antonio est implacable à l'égard de Rousseau, il n'est pas plus tendre pour Adam Smith et les économistes libéraux qu'il accuse d'avoir introduit dans le monde un des plus grands fléaux de l'époque contemporaine : le capitalisme.

La liberté économique a amené la concentration du capital entre les mains de quelques-uns. Elle a abouti à la dégradation des travailleurs, au chômage, à la misère effrayante du XIX$^e$ siècle.

« La propriété ancienne, la propriété de l'artisan, du petit propriétaire est la projection de l'individu sur les choses. Le capitalisme est la transformation plus ou moins rapide de ce qui constitue le lien direct de l'homme avec les choses en un instrument technique de domination. »

Pour combattre le capitalisme, José Antonio emprunte des arguments à Karl Marx. Mais il n'est pas un théoricien comme le Juif allemand qui ne voit dans la masse ouvrière qu'« une plèbe, une canaille bonne seulement pour servir sa doctrine ». Lui a maintes fois parcouru l'Espagne, il a constaté la vie lamentable des paysans exploités par les grands propriétaires, il a connu les salaires de famine des ouvriers. Il estime que de telles conditions ont fait du « capitalisme le fourrier du communisme ». Les travailleurs sont allés naturellement vers ceux qui leur promettaient une amélioration de vie.

Le « señorito » serait peut-être devenu communiste si deux raisons essentielles [5] ne l'en avaient empêché. D'abord, il repousse la conception matérialiste de l'histoire et de la vie.

— Le communisme est la vision infernale de l'aspiration à un monde meilleur.

---

[5] Il va sans dire que l'affiliation des communistes à une puissance étrangère est une autre raison péremptoire pour que José Antonio s'éloigne d'eux.

Il ajoute :
— Pour lui, tout se réduit à un jeu de ressorts économiques. Le spirituel est supprimé, la religion est l'opium du peuple, la patrie un mythe pour exploiter les malheureux.

À ces pauvres gens courbés sur un dur labeur, on enlève tout idéal, on supprime toute consolation.

Le second reproche de José Antonio à Karl Marx, c'est d'avoir érigé en dogme la lutte de classes. Or, ce n'est pas une solution durable, ni juste, de remplacer la tyrannie d'une classe par celle d'une autre. Aucune ne doit être sacrifiée et toutes ont l'obligation de prendre part à la tâche commune. On ne fonde rien de solide que sur l'amour. Ainsi, « par un chemin différent, le communisme arrive aux mêmes résultats que le capitalisme. Il aboutit à la désunion, à la haine, à la séparation, à l'oubli de tout lien de fraternité entre les hommes ».

José Antonio est donc aussi éloigné des partis de droite qui « veulent ignorer l'angoisse de l'homme affamé » que des partis de gauche « qui nient les valeurs spirituelles ».

Il est toujours plus facile de détruire que de construire et souvent, dans les systèmes politiques, la partie critique l'emporte de beaucoup sur l'autre.

On peut reprocher à José Antonio une insuffisance de développement sur certains points et trouver que quelques-unes de ses réformes auraient été d'application délicate, mais l'ensemble de sa doctrine forme un tout cohérent, d'une générosité et d'une grandeur incontestables.

À la base, il place la notion de *personne humaine* et par conséquent de *liberté individuelle*. C'est ce qui avait charmé ce vieux libéral d'Unamuno.

— Il faut respecter la liberté de l'homme, porteur de valeurs éternelles, enveloppe corporelle d'une âme capable de se sauver ou de se damner.

José Antonio, dans cette conception de la personne, s'oppose à la fois au libéralisme qui « substitue au moi individuel le moi collectif », au communisme et au fascisme où l'individu est esclave du Moloch-État. D'autre part, cet individu fait partie d'un tout. « On ne dit un que s'il y a plusieurs. » Ce tout s'appelle la famille, la cité, la corporation. Tout homme est intégré dans un groupe social où doit s'exercer son activité. S'il ne considère que lui, ses intérêts, ses plaisirs, il cesse d'être une personne au sens plein du mot.

« Le *señorito* est un homme dégénéré. »

Mais comment servir ? Quel sera le mobile des actes sociaux ? José répond : l'*intérêt national*. À travers la famille, la cité, la corporation, l'homme sert sa patrie.

Qu'est-ce que la patrie ?

Il faut reconnaître que, sur ce point, la pensée de José Antonio très accessible aux intellectuels, l'est beaucoup moins aux simples. Pour lui, le patriotisme ne doit pas être conçu sous une forme affective. Il n'est pas « dans le contact physique avec la terre », ni dans l'attachement aux coutumes, aux chansons et aux danses de la province. « Il n'est pas un appel sensuel qui se perçoit jusque dans l'odeur du sol. » Ce sont là des formes romantiques du patriotisme qu'il faut proscrire comme bases de l'amour de la patrie parce qu'on ne fonde rien de stable sur la sensibilité. « Il faut s'élever du sensible au spirituel. » (C'est un mot de saint Jean de la Croix.)

Les fondements du patriotisme ne sont ni géographiques, ni linguistiques, ni ethniques (condamnation du racisme), ils sont *historiques*. Tout pays a une mission à remplir dans le monde et celle-ci est déterminée par l'histoire. C'est le passé qui conditionne le présent. La définition qui revient à plusieurs reprises dans les écrits du jeune homme est celle-ci :

« La patrie est une unité de destin dans l'universel. »

Bien entendu, les activités doivent être réglées par un organisme supérieur, l'État. Ici se marque une faille dans le système phalangiste qui repousse la monarchie comme la république. José Antonio envisage assez vaguement un Chef, sans doute « le héros fait père » et peut-être faut-il voir là une influence mussolinienne.[6]

---

[6] Il faut aussi remarquer que, dans les rangs phalangistes, il y avait des

L'idée qu'il se fait du conducteur de peuple est très haute. Celui-ci n'est pas là pour obéir à la masse, mais pour la servir. Il doit être prêt à tous les sacrifices. Son pouvoir sera fort, non tyrannique. « La divinisation de l'État est le contraire de ce que nous voulons » et il repousse « tout panthéisme étatiste ».

Le chef respecte la famille, la cité, la corporation, mais son pouvoir régulateur d'arbitre doit empêcher le retour des trois fléaux qui ont fait le malheur de l'Espagne quand une main ferme ne tenait pas les rênes : luttes de partis, luttes de classe, séparatisme provincial.

L'État est la synthèse de toutes les tâches individuelles, « le serviteur des serviteurs de Dieu ». José Antonio semble se tourner plus volontiers vers le Moyen Âge que vers le siècle d'or.

Mais, pour que l'Espagnol accablé par la misère puisse comprendre la noblesse de son rôle social, une condition *sine qua non* s'impose : *la réforme agraire*. En Espagne, en effet, le nombre des paysans l'emporte de beaucoup sur celui des ouvriers. « Elle est le pays le plus en retard — et béni soit ce retard — dans le système du grand capitalisme. Elle est presque toute entière campagne. »

Or, le jeune homme connaît la situation des paysans. Il les a vus dans les propriétés de sa famille et de ses amis, en Andalousie et ailleurs. Il s'est arrêté maintes fois dans les pauvres villages de Castille et d'Estrémadure si éloignés les uns des autres qu'on peut faire des kilomètres sans apercevoir une petite fumée, annonciatrice d'un foyer. Rien à l'horizon que le dur profil d'une sierra. Vastes étendues désertiques sous un grand ciel implacable, où aux souffles brûlants de l'été succèdent les vents glacés de l'hiver. Sol altéré d'eau où il y a plus de cailloux que de terre végétale.

Par ces espaces vides et silencieux, à peine interrompus par un bois de chênes verts au feuillage sans couleur et sans oiseaux,

---

monarchistes et des républicains. José Antonio ne voulait froisser personne. De plus, il estimait que la forme même du gouvernement était une question secondaire.

le paysan va vers un champ lointain suivi d'un tout petit âne aussi malheureux et aussi résigné que lui.[7]

La révolte gronde dans l'âme de José Antonio quand il constate les conditions de vie « au niveau des animaux » de ces pauvres travailleurs qui n'ont même pas la force de se plaindre.

« Des êtres humains — *nos frères* — vivent dans des taudis, pris entre la misère, la tuberculose et l'anémie d'enfants affamés. »

C'est devant les Cortès, en juillet 1935, que le jeune député expose toutes les modalités de la réforme agraire dont il avait déjà parlé à maintes reprises. Il fait d'abord à ses collègues un tableau concret de la situation dans les campagnes et il en indique les causes.

La première est la grande propriété. Il multiplie les exemples précis : dans la province d'Ávila, une dame possède un vaste territoire où tout lui appartient, villages, églises, écoles. Elle touche des loyers relativement élevés d'une population misérable dont elle se soucie fort peu.

La seconde cause de la misère est la faiblesse des salaires : dans la province de Séville, des femmes travaillent à la terre de trois heures du matin à midi pour le prix dérisoire d'une peseta, alors que les dépenses journalières en exigent cinq.

---

[7] Il ne faut pas cependant exagérer la pauvreté de la *meseta*. Là où il y a de l'eau, au bord des rivières, du Douro ou du Tage, on voit de véritables oasis de cultures riches. Même sur le plateau, là où le sol le permet, la culture du blé est possible ; les provinces de Burgos et de Tolède donnent les plus forts rendements. Par contre, les environs d'Ávila et de Ségovie sont désertiques. Ce contraste s'exprime dans les deux proverbes opposés : « La Castille est le grenier à blé de l'Espagne », et « Pour traverser le plateau des Castilles, l'alouette doit emporter son grain avec elle. »
D'ailleurs, depuis une dizaine d'années, de grands progrès ont été réalisés dans le rendement des terres et les espaces cultivés vont en s'accroissant.
Le chêne vert est l'arbre type de la Castille, robuste et sans grâce, « symbole d'humilité et de force », comme dit le poète andalou Machado que la Castille a toujours attiré.

Le remède, il est simple... et c'est avec joie que José Antonio s'en prend à son vieil ennemi, le capitalisme qu'il retrouve sous une autre forme :

— Il faut partager les grandes propriétés en parcelles suffisantes pour faire vivre une famille.

Mais le nouveau Gracchus ne propose pas à la légère une solution qu'il a étudiée à fond. Il convient que la réforme ne peut s'appliquer ni aux terres trop pauvres, ni aux régions de grandes cultures industrialisées. Elles sont l'exception et partout ailleurs « la terre doit appartenir à celui qui la cultive ».

Le paysan n'aura *rien à payer* pour la possession du sol, sinon il deviendrait la proie des usuriers et le remède serait pire que le mal.

Les propriétaires seront-ils indemnisés ? Oui, si les ressources de l'État le permettent, mais comme c'est peu probable, José Antonio ajoute hardiment :

— Tant pis. Il est plus juste et plus humain de sauver un plus grand nombre d'hommes et de faire la réforme aux dépens des capitalistes plutôt qu'aux dépens des paysans.

Si le partage des terres doit s'opérer avant tout, il faut aussi s'attaquer à la troisième cause de la misère : la pauvreté du sol, surtout dans les régions du centre. José Antonio indique les divers moyens d'améliorer les terres : un enseignement agricole pour lutter contre l'ignorance et la routine, l'irrigation absolument indispensable, le développement de l'élevage et la sélection des races, le reboisement. Il dit très joliment : « Nos terres chauves ont la nostalgie de la forêt. »

Ainsi, peu à peu, le paysan se réconciliera avec la nature, « non celle de Rousseau, mais celle de Virgile ». Et lorsque son niveau de vie sera amélioré, il sera possible d'élever son esprit et son âme. Comment celui qui manque du nécessaire matériel pourrait-il concevoir la primauté du spirituel ?

En ce qui concerne les ouvriers agricoles des régions industrialisées et les ouvriers d'usine, José Antonio envisage un système syndicaliste qui n'a rien à voir avec le corporatisme italien où la situation n'est guère modifiée : les patrons sont d'un côté, les ouvriers de l'autre et l'État au-dessus. Il faut en revenir aux corporations du Moyen Âge groupant patrons et ouvriers d'un même métier : « organes verticaux intégrés dans l'État et non architectures parasitaires ». Les ouvriers auront leur part de bénéfice dans l'entreprise.

Grâce à ces réformes l'Espagne pourra échapper « à la double tenaille de la haine et de la peur par la seule issue possible, par en haut ».

Pour tous, il y aura une obligation stricte : travailler. « Plus d'oisifs, plus d'invités, plus de *señoritos*. »

Celui qui ne contribue pas à l'œuvre commune doit disparaître. Chacun a une mission à remplir, petite ou grande, selon ses capacités, ses forces, son milieu social et familial. L'homme doit s'élever au-dessus du rude labeur quotidien et en concevoir la grandeur.

Si, du matériel, nous passons au spirituel, c'est le problème religieux, considéré sous l'angle politique qui se présente d'abord à nous. Or, en Espagne, il est plus délicat à résoudre que partout ailleurs. Sur ce terrain également, José Antonio a été vivement attaqué aussi bien par la droite catholique que par la gauche laïque, franc-maçonne ou athée.

Tout d'abord, personne ne peut mettre en doute la profondeur des sentiments religieux du jeune homme. Il était catholique par atavisme, par éducation, par conviction personnelle. Jamais il n'a manqué à ses devoirs de fils de l'Église ; le dimanche, dans ses tournées à travers l'Espagne, l'heure de la messe était soigneusement réservée. À plusieurs reprises, il fit ce que les Espagnols appellent « exercices spirituels », c'est à dire des retraites de quelques jours dans un couvent. Il avouait que, dans les deux crises douloureuses de sa vie — sans doute à la mort de son père et lors de sa rupture avec l'aimée —, il avait retrouvé l'équilibre dans ces journées de prière et de solitude.

Ses convictions religieuses se fortifièrent encore dans l'épreuve ; il portait sur lui des médailles et le scapulaire de Notre Dame de la Merci. Le dernier témoignage de sa foi est le crucifix attaché sous ses vêtements et qui tomba de son corps criblé de balles.

Il était trop sincère pour ne pas mettre ses actes en harmonie avec ses croyances. Dans sa profession d'avocat, il ne voulait aucune compromission ; c'est ainsi qu'il refusa toujours de plaider les affaires de divorce.

Mais sa culture, sa tournure d'esprit, son objectivité l'éloignaient de tout fanatisme ; il n'avait point cette étroitesse d'esprit qui, chez beaucoup d'Espagnols, est la rançon d'une foi profonde, trempée dans la lutte. Il déclarait nettement :

— Je suis catholique par conviction, mais la tolérance est une règle inévitable, imposée par l'époque. Personne ne peut envisager de poursuivre les hérétiques comme il y a quelques siècles.

Dans les rangs de la Phalange étaient mêlés incroyants et catholiques pratiquants, ceux-ci les plus nombreux. José Antonio se faisait une règle de ne jamais mettre en avant ses sentiments religieux (*comme chef de la Phalange*) et de ne catéchiser personne. Une fois, il proposa à deux de ses amis, dont le poète Foxá, qui traversaient une crise religieuse, de faire une retraite avec lui :

— Si tu l'ordonnes, dit Foxá, nous irons avec toi comme subordonnés.

Il répliqua :

— Je ne dois, ni ne veux vous le demander comme chef, je vous le conseille comme ami.

S'il entendait ne pas peser individuellement sur les consciences, par respect de la liberté des autres, il a toujours affirmé le principe de la catholicité de la Phalange. Le 25$^e$ point déclare :

« Notre mouvement incorpore le sentiment catholique de glorieuse tradition et prépondérant en Espagne, à la reconstruction nationale. »

Une fois de plus, il regarde l'histoire. Les Espagnols ont lutté pendant huit siècles contre le péril musulman, ils ont sacrifié leur richesse à leur foi. Les Rois ont maintenu l'unité religieuse grâce à des moyens cruels, réprouvés par les papes eux-mêmes.

Mais l'épanouissement du siècle d'or est venu, en partie, de la paix restaurée et de l'union de tous en une même croyance. Les grandes figures de cette époque, Isabelle, Charles-Quint, Philippe II, les Cisneros (ces grands cardinaux ministres), les Mendoza ont été profondément catholiques.

L'exaltation du génie national coïncide avec les constantes catholiques de sa mission dans le monde.

La vocation de l'Espagne reste la même : la défense de l'Europe non plus contre l'islamisme, mais contre le marxisme athée. Elle est seule maintenant à jouer ce rôle puisque la France a renoncé à sa mission séculaire. Le 25$^e$ point de la Phalange dit aussi :

« L'Église et l'État seront d'accord dans leurs domaines respectifs sans que se puisse admettre une intrusion ou une autorité qui porte atteinte à la dignité de l'État et à l'indépendance nationale. »

Si l'Espagne est officiellement catholique, le clergé ne doit pas s'immiscer dans la politique. C'est la vieille formule : L'Église libre dans l'État libre.

Nos rois très chrétiens n'ont jamais admis l'ingérence du clergé dans les affaires du pays. Il est vrai que le gallicanisme, en soustrayant l'Église de France à l'autorité de Rome, la mettait davantage sous celle du Roi.

En Espagne, le clergé a une influence prépondérante. José Antonio pressentait que, sur ce point, il aurait à lutter. Mais ainsi, on éviterait les terribles revirements contre l'Église qui se sont produits dès 1931 et qui devront s'accentuer sous la poussée marxiste.

Le point le plus névralgique dans le conflit entre l'Église et l'État est toujours l'enseignement.

Le jeune homme était trop cultivé pour ne pas s'apercevoir des défauts de l'enseignement en Espagne. Il jugeait qu'il fallait y remédier par des réformes radicales, à tous points de vue, et que cette tâche incombait, en premier, à l'État. Aussi pose-t-il le principe :

« L'enseignement sera entre les mains de l'État, toute liberté étant laissée à l'enseignement religieux. »

Le 24e point ajoute :

« On organisera la culture de façon qu'aucun talent ne se perde, faute d'argent. Tous ceux qui le méritent auront un accès facile, même aux études supérieures. »

Ainsi l'équilibre de la pensée de José Antonio, sa modération frappent davantage dans le domaine religieux où les Espagnols gardent rarement la mesure.

Il reste à examiner les deux points de la doctrine phalangiste qui prêtent le plus à la controverse : la notion d'Empire et le recours à la force.

Les détracteurs de José Antonio, avec une mauvaise foi évidente, donnent beaucoup plus d'importance à ses déclarations impérialistes qu'à ses plans de réforme sociale, alors que ceux-ci tiennent, dans ses articles et ses discours, une place tellement plus grande que ceux-là.

Influence de Mussolini, disent-ils, comme si le passé de l'Espagne ressemblait à celui de l'Italie. Il y a une continuité dans l'histoire ibérique qui n'existe nullement entre l'Empire romain et l'Italie contemporaine.

José Antonio est douloureusement frappé par l'isolement de son pays réduit à un rang secondaire dans le monde, humilié par les grandes puissances qui cherchent à profiter de sa faiblesse.

Quel abîme entre ce siècle et le XVIe que les historiens appellent le siècle de la prépondérance espagnole ! Le jeune homme voit les causes de cet abaissement dans les crises intérieures dont il a déjà analysé les raisons. Mais précisément, si l'on met fin à ces troubles par des réformes appropriées, l'Espagne pourra reprendre le rang qui lui appartient par sa situation entre deux mers et par son rayonnement dans le monde hispano-américain.

— L'Espagne ne s'est jamais définie autrement que par l'accomplissement d'un destin universel.

Or, dans la géhenne où se débat le monde capitaliste et libéral, elle peut indiquer la « seule issue possible, par en haut ».

Elle n'est pas industrialisée, elle n'est pas surpeuplée, elle n'a pas souffert de la guerre. Elle montrera la voie aux autres peuples « en rétablissant l'harmonie rompue entre l'homme et son milieu, entre l'homme et la patrie ».

Il y a, chez José Antonio, deux personnages différents : le juriste logique et objectif qui part de la réalité et ne la perd pas de vue, même dans ses réformes les plus hardies. Il y a aussi le poète qui se laisse entraîner par des rêves et bercer par des images.

C'est le poète qui s'exalte sur cette notion d'Empire bien faite pour donner de l'élan aux jeunes.[8]

Par quel moyen réaliser cette transformation totale de l'Espagne ?

« La Révolution ne peut se faire qu'en employant la force », répond José Antonio.

Depuis le 14 avril 1931, les faibles essais de réforme ont tous échoué, les divers gouvernements ont montré leur carence et leur impuissance.

— Or, tout gouvernement dont les idées et les actes sont voués à la stérilité n'a plus qu'à disparaître.

José Antonio devine les objections des uns, l'effroi des autres en face de la solution brutale ; il se justifie en s'appuyant sur les théologiens. En effet, l'Église admet le recours à la force sous trois conditions qui précisément se trouvent remplies : quand le

---

[8] Significative, à ce point de vue, est la chanson suivante des jeunes phalangistes :

> *Le regard clair fixé au loin,*
> *Le front haut,*
> *Je vais par les routes impériales*
> *Cheminant vers Dieu.*
>
> ............................................
>
> *Que Dieu bénisse mon élan,*
> *Cinq flèches fleuries*
> *Veulent atteindre le soleil.*

mal est évident, quand les moyens pacifiques ont tous été épuisés sans résultat, quand il y a probabilité de succès et non d'un échec dont les conséquences aggraveraient encore la situation. Il affirme :

— La violence n'est pas condamnable systématiquement. Elle ne l'est que si on l'emploie contre la justice... Saint Thomas admet la rébellion contre le tyran.

Dans ce cas, le concours de l'armée est nécessaire ; il définit ainsi son rôle :

— Elle est la sauvegarde de ce qui est permanent. C'est pourquoi elle ne doit pas se mêler à des luttes accidentelles. Mais quand c'est le permanent même qui est en péril, quand l'existence même de la patrie est en danger, l'armée n'a plus qu'un devoir : délibérer et intervenir.

Mais son rôle doit cesser à la victoire. Il est curieux de constater que, dans les instructions très précises envoyées aux phalangistes, de la prison d'Alicante, José Antonio spécifie bien que, dans les régions soumises, l'autorité ne doit pas être laissée aux militaires.

La nature généreuse du jeune homme n'est pas vaincue par l'acharnement de ses adversaires. Maintes fois, il répète à ses garçons qu'ils ne doivent jamais céder à la rancune et à la haine. Il leur rappelle que, jadis, dans les batailles contre les musulmans, leurs aïeux ne criaient pas : « À bas nos ennemis » ou « Mort aux infidèles », mais : « Santiago (saint Jacques) » ou « Faisons l'Espagne. »

— Aujourd'hui, nous ne proférerons aucun cri de haine. Nous dirons « Debout Espagne » ou « Pour une Espagne unie, grande, libre. »

Et, une fois de plus, il déclare que la Phalange n'est pas un parti. Elle est ouverte à tous les hommes qui aiment leur pays et qui ont un idéal. Elle doit être un ciment d'union entre tous les Espagnols.

— Non, camarades, tous ceux qui vous regardent avec des yeux mauvais quand vous vendez votre journal ou distribuez vos tracts ne sont pas vos ennemis. Ils font partie de notre Phalange.

CHAPITRE VI

# LA GARDE SOUS LES ÉTOILES

*Il n'y a qu'à choisir entre le bonheur
et l'œuvre à accomplir.*

LES PHALANGISTES, presque tous jeunes, vivaient dans l'insouciance et la confiance, aimant la vie et prêts à accepter la mort. Le Chef partageait cet état d'esprit, mais, par moments, il lui fallait faire un effort pour repousser la crainte, toujours la même, de n'être pas à la hauteur de sa mission. C'est ainsi qu'à plusieurs reprises, notamment la nuit précédant la réunion de Gredos, il fit le même rêve pénible.

— J'ai vu qu'ils allaient me fusiller, confiait-il à un ami, et que j'affrontais avec dignité le peloton d'exécution.

Le pressentiment de la brièveté de sa vie le pousse à se donner de plus en plus à la Phalange.

Les jours où il ne va pas dans les provinces, il ne quitte guère son bureau du Centre situé Cuesta de San Domingo, non loin du Palais Royal qui vit ses premiers rêves d'amour et de gloire, tôt emportés comme les fastes de la monarchie.

Là, il expédie les affaires courantes et rédige les articles du journal ; encore est-il souvent obligé de faire ce dernier travail chez lui, de bon matin, car, au Centre, il y a beaucoup d'allées et venues dans son bureau. À certains jours, il réunit sa junta politique, son Conseil qui comprend une quinzaine de membres dont ses meilleurs amis : Raimundo Fernández-Cuesta, Julio

Ruiz de Alda, Francisco Bravo, Sánchez Mazas, Onésimo Redondo.

Son temps est surtout pris par les jeunes qu'il veut former à ses idées et qu'il aime voir en particulier. Parfois aussi, il doit écouter des confidences qui n'ont rien à voir avec la politique. Tel un directeur de conscience, il lui arrive de donner des conseils moraux. Il se sent tellement l'aîné de ces garçons alors que quelques années seulement le séparent du plus grand nombre. Quelques-uns parlent d'amour et, dans la tourmente, songent à fonder un foyer. Lui qui a fait le sacrifice des joies de l'amour et de la paternité leur tient un langage parfois sévère :

— Il n'y a qu'à choisir entre le bonheur et l'œuvre à accomplir.

Bien sûr, il ne les blâme pas de céder aux exigences légitimes de la vie, mais il craint que l'enchantement du premier amour soit un obstacle à leur devoir de phalangiste. Il leur montre aussi la beauté du travail, car plusieurs d'entre eux se contenteraient volontiers de l'existence dangereuse et un peu oisive du milicien. Il leur donne son propre exemple :

— Je sais qu'il n'y a pas d'applaudissements qui vaillent — de loin — la calme joie de se sentir d'accord avec son propre idéal. Seuls sont heureux ceux qui savent que la lumière qui entre chaque matin par leur balcon vient éclairer la juste tâche qui leur est assignée dans l'harmonie du monde.

À ces êtres jeunes, avides de jouir, il apprend la nécessité de la souffrance :

— Quand on a appris à souffrir, on sait servir.

Ces paroles sont tirées d'un article d'*Arriba* paru en novembre 1935 et intitulé : *La Jeunesse aux intempéries*, mais, dès le début, il veut initier les jeunes à une vie rude, dépourvue de tout confort matériel, dans « le style militaire et ascétique » qui est celui de la Phalange.

Aux vacances de Noël 1934, il envoie des étudiants en tournée dans la province de Madrid, il leur donne des instructions très évangéliques. La Phalange ne possède pas de millions pour éditer des journaux et des tracts, elle n'a pas d'autos pour emmener ses propagandistes ; les millions et les autos appartiennent aux marxistes. Eux, iront à pied, par les grandes routes « humblement vers les humbles », comme saint Paul vers Rome, comme saint Jacques vers Compostelle. Ils auront cinquante pesetas pour dix jours ; c'est peu, mais « ils songeront qu'un ouvrier espagnol en gagne cinq, par jour, pour faire vivre une famille ». Ils mangeront le pain noir et la ratatouille des auberges de campagne. Ils parleront aux muletiers et aux paysans. Ils leur donneront : « ce qu'il y a de plus beau à donner à un homme : la joie de l'amour ».

José Antonio tient également beaucoup à l'amitié et à la confiance entre les jeunes gens. Il considère la Phalange comme une grande fraternité au sens du Moyen Âge dont les membres sont égaux entre eux et se soutiennent mutuellement. Il s'efforce de rapprocher les étudiants des ouvriers. Peu importe que le joug et les flèches soient sur une salopette ou sur un élégant veston !

Lui-même accueille, avec le même franc sourire, le même regard lumineux, tous ceux qui viennent à lui ; au fond, il préfère les plus pauvres, ceux qui entrent dans son bureau sans façon et qui l'interpellent avec l'accent de Vallecas, le faubourg populaire de Madrid. Ceux-là se feraient tuer pour lui et certains témoignages d'amour l'émeuvent profondément. C'est ce garçon d'Ávila qui arrive un soir au Centre, couvert de poussière, harassé de fatigue. Il veut voir le Chef, il n'a rien à lui communiquer que son humble amour. N'ayant pas d'argent pour prendre le train, il a fait à pied, par étapes, couchant au bord des routes, les cent treize kilomètres séparant Ávila de Madrid.

C'est ce petit mécano du théâtre où Felipe Ximénez de Sandoval faisait jouer une de ses pièces. À chaque répétition, le gamin accourait vers l'auteur pour lui serrer la main. Tous deux ne portaient-ils pas le joug et les flèches ! Et chaque fois, il lui demandait anxieusement : « Est-ce qu'*il* viendra, aujourd'hui ? »

Le soir ne libère pas toujours José Antonio. Souvent, il profite du temps libre des travailleurs pour parler en public.

Le 19 mai 1935, dans un discours prononcé au ciné Madrid, il met une fois de plus l'accent sur les difficultés de la tâche à accomplir.

— Notre mission est difficile. Elle l'est jusqu'au miracle, mais, nous, nous croyons au miracle.

Il s'agit de sauver l'Espagne, de l'arracher à elle-même :

— C'est parce qu'elle ne nous plaît pas que nous aimons l'Espagne ; ceux qui aiment leur patrie parce qu'elle leur plaît, l'aiment avec un désir de contact, l'aiment sensuellement, l'aiment physiquement. Nous, nous l'aimons avec une volonté de perfection.

Parfois aussi, des organismes privés lui demandaient de prendre la parole à une de leurs séances. C'est ainsi que le 9 avril, il prononce un important discours au Cercle de l'Union Commerciale. Il en profite pour reprendre ses grands thèmes sociaux devant un auditoire élargi. Il attaque, une fois de plus, le capitalisme, il montre la misère du peuple, il insiste sur la nécessité du travail pour tous ; il termine, comme toujours, par une belle envolée :

— Nous savons que, dans chacun de nos actes, dans le plus simple de nos actes, dans la plus humble de nos tâches quotidiennes, nous servons, en même temps que notre modeste destin individuel, le destin de l'Espagne, de l'Europe, du monde, le destin total et harmonieux de la Création.

D'autres soirs, José Antonio se promène, tard dans la nuit, à travers Madrid ; il le fait pour son plaisir personnel, mais aussi pour observer la mentalité de ses concitoyens[1]. Il lui arrive d'entrer dans quelque bar populaire fréquenté par les gens d'extrême-gauche. Un silence glacial accueille sa venue. Lui, souriant et désinvolte, va s'asseoir à une table et commande « *un chato de vino* »[2].

---

[1] En Espagne, c'est le soir et même tard dans la nuit que les gens vivent le plus intensément. C'est l'heure de la promenade et à Madrid, d'honnêtes citadins sortent avec leurs enfants, vers onze heures du soir.
[2] Une chopine de vin.

Il retrouve aussi ses amis dans un grand café, au Bar-club d'Alcalá, au Bakanik, à l'Or-khom-pon. Il fait partie de la Ballena Alegre — la Baleine joyeuse, — sorte de club littéraire composé d'écrivains et d'artistes. Son arrivée est saluée par des cris de joie. Malgré l'austérité des tâches quotidiennes, José Antonio sait toujours être gai ; il reste un animateur et un brillant causeur. Comme tous les gens qui ont beaucoup d'esprit, il est parfois cruel. Mais, dès qu'il voit une expression attristée sur le visage de l'ami, il réagit avec la même spontanéité ; d'un mot charmant, d'un sourire affectueux, il panse la blessure.

Il réserve aussi certaines soirées aux siens. Parfois, il emmène ses sœurs au théâtre. Il se reproche de mal remplir ses devoirs de chef de famille. Pourtant, la seule douceur de sa vie, c'est la présence, à la maison, de ces trois femmes dont il est le tourment.

Son rôle d'aîné ne va pas sans souci. Pilar qui a, comme lui, la passion de se donner aux autres, a organisé la section féminine de la Phalange. La voilà en butte aux critiques, aux insultes ; et que lui réserve l'avenir ?

Fernando, le petit frère d'autrefois, est devenu un homme. Lui aussi ressemble à son aîné sans avoir son équilibre. Remarquablement doué, il est sorti un des premiers de l'École de cavalerie, mais par dégoût de la République, il a quitté l'armée ; il poursuit maintenant des études de médecine qui s'annoncent très brillantes. Ardent et impétueux, admirant beaucoup José Antonio, il fait partie de la Phalange et il réclame les missions difficiles. Enfin — dernière folie —, il s'est marié, il a un enfant, bientôt deux, bientôt trois[3].

Le tout petit Miguel fait la joie de l'oncle qui déclare se sentir une âme de grand-père. Il le prend tendrement dans ses bras, le fait sauter pour entendre le rire clair du bébé qui chasse un instant ses soucis. Mais peut-être éprouve-t-il aussi un peu de

---

[3] Fernando eut un fils et deux filles, la dernière, Fernanda, née après la mort de son père.

mélancolie en songeant au fils qu'il n'aura pas. C'est avec une gaieté où perce une légère amertume qu'il dit, un jour :

— Il n'est pas certain que ce soit le diable qui donne des neveux à qui Dieu refuse des fils. Ce doit être quelque bon saint célibataire endurci qui, ayant pitié de notre solitude, intercède près du Seigneur.

Ces moments heureux sont une goutte d'eau dans la coupe de chaque jour emplie jusqu'au bord par les travaux et les ennuis.

Été 1935 — José Antonio a des communications importantes à faire à sa junte politique. D'un commun accord, il est décidé que la réunion aura lieu à l'air libre, dans la sierra de Gredos. Là, point d'indiscrétions à redouter. Et, en ces deux jours, entre les conversations sérieuses, on pourra vagabonder et chasser dans la montagne.

16 juin — La neige a disparu de la crête des monts ; des fleurs à la senteur âcre et violente ont éclos dans la pierraille. Un souffle tiède passe sur la cime des pins et ce bruissement doux et grave ressemble à une prière.

Les jeunes gens doivent arriver la veille de la réunion et coucher au *parador*. Après une nuit de repos dans le calme de la montagne, ils seront plus lucides pour délibérer autour du Chef. Un *parador* est une hôtellerie isolée où les voyageurs peuvent s'arrêter quand ils traversent les espaces désertiques des Castilles ou de la Manche. Ces auberges n'ont rien des « *ventas* » à la don Quichotte, refuge des « *pícaros* » ou voleurs de grand chemin ; ce sont des hôtels confortables pour automobilistes riches. Le *parador* de Gredos, assez proche de Madrid, est également le rendez-vous des poètes et des amoureux qui recherchent la solitude.

Les phalangistes, sauf Onésimo qui ne viendra que le lendemain, arrivent de bonne heure et attendent impatiemment le Chef. Comme il tarde ! Il est vrai qu'il vient de Badajoz où il a dû plaider au tribunal. Plus de 300 kilomètres à parcourir en voiture ! Mais la crainte d'un attentat, d'un accident prémédité empêche les jeunes gens de jouir de la belle soirée. Enfin, voilà la Chevrolet qui fonce sur le *parador*. José Antonio en descend, fatigué, couvert de poussière, mais heureux de voir les visages amis s'éclairer à son arrivée. Vite, à table ; comme toujours, il a une faim de loup ! Juste le temps de monter à sa chambre faire un peu de toilette. Il revient bientôt dans la salle à manger où les autres sont déjà installés. En entrant dans la grande pièce, ses regards, comme aimantés, vont droit à une table occupée par un jeune couple, amoureux ou nouveaux mariés.

Ils se sont aussitôt reconnus : c'est elle, la petite duchesse, dont le mariage a été célébré le matin même, à Madrid, et qui vient passer sa nuit de noces au *parador*.

Mais José Antonio s'est ressaisi ; il se dirige vers la table et, avec sa parfaite courtoisie d'homme du monde, il baise la main de la jeune femme, serre celle du mari et revient près de ses camarades.

Ceux-ci ne se doutent point de la tempête qui bouleverse l'âme du Chef. Il s'efforce de parler gaiement, mais contre son habitude il mange peu et se retire de bonne heure, prétextant la fatigue et la mise au point des décisions du lendemain. Quelques-uns ont dit qu'il avait quitté le *parador* pour aller coucher dans un chalet voisin. D'autres ont affirmé le contraire. Plus tard, il a avoué que cette nuit avait été la plus mauvaise de sa vie, mais très secret sur l'intime de son cœur, il n'a pas dit pourquoi.

Comme la nuit de juin est douce ! Les étoiles brillent et la chanson du vent dans les pins semble maintenant un murmure d'amour.

Oh ! penser qu'à deux pas, sous ce même toit, la bien-aimée est dans les bras d'un autre. Une lutte violente se livre dans le cœur du jeune homme. Il expérimente qu'un renoncement au bonheur n'est jamais fait une fois pour toutes, que c'est à chaque tournant qu'il faut renouveler le sacrifice et, comme il l'a dit « laisser toujours un peu plus de l'intime de sa vie dans les ronces du chemin ».

Mais, peu à peu, le sentiment de sa mission, l'amour pour l'Espagne l'emportent sur le regret du bonheur perdu. N'est-ce pas en pensant à ces victoires sur lui-même qu'il a écrit[4] :

« Telle est la douce récompense que l'on obtient en s'efforçant de devenir meilleur. Si l'on a perdu des joies élémentaires, on en rencontre d'autres, au bout du chemin, d'autres si hautes, si chères qu'elles envahissent le domaine des anciens attachements déracinés dès le début de la grande entreprise. »

La nuit du 15 au 16 juin a vu le dernier sursaut du vieil homme.

Au petit matin, il se lève sans avoir dormi, prend son fusil et s'en va chasser dans la montagne. Quand il retrouve ses amis qui ont beaucoup causé la veille et se sont levés tard, il est redevenu le Chef, à la fois sérieux et enjoué.

Pourtant, une photo prise à cette même heure, le montre, les traits tirés, un sourire un peu amer sur les lèvres ; les yeux clairs, qui regardent toujours en face, semblent fixer un horizon lointain. La main qui tient le fusil est nerveuse et crispée.

Quant aux nouveaux mariés, ils ont quitté le *parador* de bonne heure.

La matinée s'avance ; c'est l'heure des débats sérieux. Les jeunes gens se groupent autour du Chef, sur un éperon rocheux, face au pic Almanzor, le plus haut de la sierra. Assis sur le sol, comme agrippés à la montagne, ils attendent impatiemment les graves décisions annoncées par José Antonio. Pour plus de sûreté, deux camarades venus de Salamanque avec Bravo font le guet aux alentours.

Le Chef fait d'abord le tableau de la situation probable dans quelques mois. Les élections qui auront lieu en février se feront à gauche et Azaña reviendra au pouvoir. Le gouvernement, plus faible que jamais, deviendra le jouet des communistes. L'Espagne sombrera dans l'anarchie et Moscou en profitera. Naturellement, la Phalange sera persécutée. Il faut donc prévoir le pire afin de l'éviter. La seule voie de salut pour le pays, c'est un soulèvement qui groupera tous les hommes de cœur.

---

[4] Ces paroles sont d'avril 1934.

Il donne ensuite quelques détails. Avec l'aide d'un général (il ne dit pas lequel), plusieurs milliers d'hommes rassemblés près de la frontière portugaise, dans la province de Salamanque, marcheront sur Madrid pour s'emparer d'abord de la capitale.

— Quand ? demandent des voix impatientes.

— Au moment opportun déterminé par les circonstances, à l'heure H, répond José Antonio. Aussi le soulèvement doit-il être préparé dès maintenant, en secret, sous le couvert des élections.

La décision soulève un enthousiasme général que répercutent les échos de la montagne. Pourtant, il y a là des pères de famille. José objecte à l'un d'eux : « Et tes six enfants, Luis ? »

Celui-ci riposte :

— Ils mourraient de honte avant de mourir de faim si leur père refusait de donner sa vie pour l'Espagne.

Certains, à propos de cette résolution, ont parlé de la « folie » de José Antonio et vu, dans la rébellion projetée, une imprudence qu'explique son atavisme militaire.

D'autres, au contraire, ont reconnu sa clairvoyance : l'Espagne ne peut échapper que par la force à l'emprise marxiste, puisque toutes les tentatives de conciliation ont échoué.

Quelques semaines après, les 23 et 24 juillet, José Antonio prononça aux Cortès deux importants discours sur la réforme agraire ; il en exposa toutes les modalités. Les gauches, au fond d'eux-mêmes, durent convenir qu'un tel programme dépassait le leur, en hardiesse et en générosité. Quant à la droite, une fois de plus, elle traita le député de « renégat » et de « communiste ». Les marxistes peuvent tirer quelque orgueil du fait que, chaque fois qu'un homme de cœur s'émeut de la misère des autres et parle d'y remédier, il est immédiatement traité de communiste !

Comme les autres années, le mois d'août ramène José Antonio à Saint-Sébastien et, à nouveau, la littérature prend le pas sur la politique.

Par une fin d'après-midi de soleil, il emmène Bravo et Aizpurua à Fontarabie, dans sa voiture. Ils visitent la ville haute et la forteresse de Charles-Quint ; José Antonio rappelle, avec fierté, qu'un de ses aïeux a défendu la place contre les Français.

Ils reviennent ensuite vers la mer « face à la douce France ennemie ». Il parle d'elle comme on parle d'un amour déçu. La France qu'il n'aime pas, c'est celle de Rousseau et des philosophes, la France « infidèle à sa mission chrétienne », la France « des pactes secrets et tortueux, des traités de commerce signés par des politiciens vulgaires, entre deux nuits d'amour ».

Mais il y a l'autre France, terre des saints et des héros, sœur de l'Espagne, la France des écrivains et des poètes dont il s'est toujours nourri.

Assis sur un rocher, en silence, il regarde la côte toute proche, les villas blanches d'Hendaye perdues dans la verdure, au bord des petites criques que forme la Bidassoa. Au fond, les collines du Pays basque, dominées par la Rhune, s'estompent dans la brume dorée du couchant.

Alors, sortant de sa rêverie, José Antonio récite en français, les premiers vers du *Cimetière marin* de Paul Valéry :

> *Ce toit tranquille où marchent des colombes,*
> *Entre les pins palpite...*

Oh ! trop douce France ! Mais il n'est pas fait pour la douceur, celui qui a dit : « L'Espagne est âpre et dure. C'est pour cela qu'il faut l'aimer. »

C'est en ce même mois d'août que paraît le livre de Pérez de Cabo intitulé : *Arriba España*. José Antonio en a écrit la préface qui est particulièrement intéressante parce qu'il y expose les buts de la Phalange à sa manière nette et concise.

« Je doute, écrit-il, qu'un mouvement politique soit jamais né d'un processus interne plus austère, ait été établi avec plus de rigueur et d'authentique esprit de sacrifice de ses fondateurs, car pour nous — je le sais mieux que personne — rien n'est plus amer que de crier en public et de souffrir la honte des exhibitions. »

Ce prologue est intitulé : *Tradition et Révolution*. La doctrine phalangiste repousse également un retour en arrière, « comme si la tradition était un état et non un processus », et une destruction totale de l'état de choses antérieur.

« Entre ces deux attitudes, nous fûmes quelques-uns à nous demander si une *synthèse* ne pourrait pas être réalisée entre ces deux choses : d'un côté la révolution, non comme prétexte à laisser tout aller, mais comme occasion chirurgicale de tout refaire d'une main ferme et guidée par une règle ; de l'autre côté, la tradition, non comme un remède, mais comme base substantielle, non avec l'idée de copier l'œuvre des grands autres, mais dans l'esprit de deviner ce qu'ils auraient fait à notre place. »

Les travaux parlementaires reprirent dès le début d'octobre et les interventions de José Antonio furent toujours aussi fréquentes. Tantôt, il verse au débat des vues de simple bon sens, comme à propos du conflit abyssin qui risque de mettre aux prises l'Italie et l'Angleterre. Il plaide pour la neutralité de l'Espagne. La petite pointe de malice perce toujours :

— Nous ne devons rien à l'Angleterre. Je n'aurai qu'à faire passer dans votre esprit le souvenir de Gibraltar.

Tantôt, avec sa verve sarcastique, il dénonce les scandales, la corruption de certains parlementaires, toutes les compromissions appelées en Espagne « *estraperlo* », avec le sens élargi de « marché noir ».

Le 10 novembre s'ouvre, à Madrid, le second Conseil national de la Phalange. Les séances ont lieu dans l'ordre et le calme voulus par le Chef. Depuis un an, le nombre des phalangistes a considérablement augmenté. Aussi, pour satisfaire tant d'auditeurs, José Antonio avait envisagé de prononcer le discours de clôture dans les arènes pouvant contenir trente mille personnes. Mais l'insécurité du temps, l'attitude probable du gouvernement, le firent renoncer à ce projet. Le 17, il parle donc dans la vaste salle du ciné Madrid où il conclut sur les deux buts essentiels de la Phalange : élever le niveau de vie matérielle des Espagnols, établir la primauté du spirituel.

Le discours s'achève sur la même consigne à laquelle les événements donnent un sens presque tragique :

« La garde continue sous les étoiles. »

C'est après le succès de cette journée que Bravo émit l'idée qu'un chant exprimerait mieux que des applaudissements et des cris l'enthousiasme et la foi de la jeunesse. N'y avait-il pas plusieurs poètes parmi les phalangistes ? La proposition plut au Chef et, comme ce qu'il ordonnait était toujours exécuté au plus tôt, on se mit à l'œuvre sur-le-champ.

Plusieurs récits différents ont circulé à ce sujet. L'un prétendait que l'hymne avait été composé, à la fin d'un dîner, chez la marquise de Bolarque et que José Antonio en était l'auteur. La véritable version est rapportée par Francisco Bravo, témoin oculaire.

Les paroles du poème ont été imaginées en commun, le 3 décembre, dans les caves de l'Or-khom-pon, le bar basque de Madrid. José Antonio exposa d'abord ses idées : il désirait, pour les jeunes, « un chant de guerre et d'amour », court et joyeux, exempt de toute rancune. Il proposait, une strophe à la fiancée, une autre aux héros tombés et la dernière affirmant la foi en la victoire.

*Face au soleil, avec la chemise neuve*
*Que tu brodas de rouge, hier,*
*La mort me trouvera si elle m'emporte,*
*Et que je ne te revoie plus.*

*Je serai à côté des camarades*
*Qui montent la garde sous les étoiles,*
*L'attitude impassible,*
*Et qui sont présents dans notre effort.*
*Si on te dit que je suis tombé,*
*C'est que je m'en serai allé*
*Au poste qui m'attend dans l'au-delà.*

*Ils reviendront victorieux, les drapeaux,*
*Au pas allègre de la paix,*

*Et cinq roses seront attachées
Aux flèches de mon faisceau.*

*Il rira de nouveau, le printemps
Que les cieux, la terre, la mer espèrent.
Debout, légions, courez à la victoire.
Une aube nouvelle se lève sur l'Espagne.*

*Espagne unie !
Espagne grande !
Espagne libre !
Debout Espagne !*

Les quatre derniers vers ont été ajoutés par la suite. La création fut spontanée et collective. Ceux qui y contribuèrent le plus furent Augustin de Foxá, José María Alfaro et José Antonio lui-même. Sánchez Mazas faisait la critique.
Lorsque le poème fut achevé, le Chef déclara :
— J'aime cette chanson parce qu'elle ne renferme aucune parole de vengeance, ni de haine contre ceux que nous combattons. (Il évitait toujours d'employer le mot : ennemis.)
Quant à la musique, tantôt grave, tantôt joyeuse, elle est l'œuvre du compositeur Tellería. Sur ce terrain, José Antonio s'abstint de donner des conseils ; la musique, pour lui, était un monde fermé, il avouait qu'une « symphonie était un labyrinthe où il se perdait ».
L'hymne fut chanté pour la première fois à la réunion du ciné Europa et sa diffusion fut très rapide dans toute l'Espagne, bien qu'il ne fût pas possible de l'imprimer et de le mettre sur disque. Le poème est plein d'élan, de fraîcheur, de poésie. On peut cependant regretter que la mort, envisagée noblement et joyeusement, le soit à la façon païenne et que le nom de Dieu n'y soit pas prononcé.

L'apaisement factice qui durait depuis les événements d'octobre 1934 fit place à une agitation fébrile à la veille des élections qui étaient fixées au 16 février. Le 15 décembre, les Cortès se séparèrent. Les partis renforcèrent leurs positions en vue de la campagne électorale. Déjà auparavant s'était constitué le Front Populaire, image anticipée de celui qui se formera en France quelques mois plus tard.

Les droites voulurent y répondre par une tentative de Front National. Mais il est curieux de constater que, presque partout, les partis de droite fusionnent plus difficilement que les partis de gauche. Les chefs des trois fractions importantes : Calvo Sotelo (Rénovation nationale — monarchiste), Gil Robles (CEDA) et José Antonio n'arrivèrent pas à s'entendre. Gil Robles voulait un front élargi où entreraient des républicains. Les monarchistes ne le désiraient point. Quant à José Antonio, il maintenait intégralement les 27 points de la Phalange et la devise : *Pour la Patrie, le Pain et la Justice* qui choquait les aristocrates.

De même qu'il est pénible de constater le désaccord entre Ledesma Ramos et José Antonio, de même nous attriste le manque d'entente entre ce dernier et Calvo Sotelo si grand, lui aussi, par l'intelligence et par le cœur.

Il n'y avait jamais eu beaucoup de sympathie entre eux. Autrefois, lors des dîners qui réunissaient, à la table de famille, les ministres du général, José Antonio ne se sentait pas attiré par le ministre des Finances, pourtant la personnalité la plus remarquable du cabinet. Bien que dix ans seulement d'écart les séparassent et que tous deux fussent juristes, le jeune homme allait plus volontiers vers les ministres plus âgés. Il trouvait Calvo Sotelo trop sec, trop réaliste ; il est vrai que, pendant que l'un faisait des vers, l'autre alignait des chiffres. Après la chute de la dictature, l'ancien ministre s'établit à Paris et, bien que réélu député à deux reprises, en 1931 et en 1935, il ne vint occuper son siège qu'après le vote de la loi d'amnistie. José Antonio lui en voulut de ne pas avoir forcé la mesure d'exil au nom de l'immunité parlementaire : une tribune aux Cortès lui aurait permis de défendre plus efficacement l'œuvre de la dictature.

Lorsqu'en novembre 1934 Calvo Sotelo proposa à José Antonio l'union de la Rénovation nationale et de la Phalange, celui-ci refusa en des termes moins qu'aimables. Sa réponse fut publiée dans l'*ABC* du 30 novembre :

« La Phalange n'est pas un parti de droite et ne veut s'agréger à aucun autre. Mais elle se félicite que les groupes conservateurs mettent à leur programme un contenu national au lieu de se cantonner, comme ils l'ont fait jusqu'à aujourd'hui, dans la défense des intérêts d'une classe. »

Au fond, José Antonio reprochait à Calvo Sotelo son loyalisme monarchique, il lui en voulait d'être trop respectueux de la légalité et surtout d'avoir derrière lui la bourgeoisie riche et la haute finance. Cependant, avant les élections, les deux hommes se virent à plusieurs reprises ; de même José Antonio eut quelques entrevues avec Gil Robles. Enfin, à force de démarches, un accord boiteux s'établit entre les trois chefs (ne disons pas de la droite, puisque José Antonio repoussait ce terme). Mais dans la répartition des sièges, la Phalange fut traitée en parente pauvre.

À Jaén, en Andalousie, Calvo Sotelo parla, avec son éloquence habituelle, de l'union des trois groupes, mais aucun candidat phalangiste ne fut accepté. Dans de telles conditions, José Antonio décida que la Phalange présenterait seule ses candidats. Lui-même, avec son cousin Sancho Dávila, ferait campagne dans la circonscription de Séville et non à Madrid où les voix se partageraient sans doute entre les monarchistes, la CEDA et les communistes.

Et voilà le Chef supportant à nouveau « la honte des exhibitions » et cette fois sans espoir de succès. Il ne borna pas ses tournées à la seule Andalousie, mais parcourut tout le pays puisqu'il s'agissait moins d'être élu que de préparer le soulèvement sauveur.

À Saragosse, le 26 janvier, il s'efforce de ranimer l'enthousiasme qu'éteint le climat des élections.

— Il n'y a qu'à laisser le chemin sinueux et à franchir les hauteurs jusqu'au bout et, par une ligne droite, arriver à l'idéal.

C'est le poète qui reparaît. N'avait-il pas déjà dit ces paroles un peu hermétiques dans leur grandeur :

— Le chemin le plus court d'un point à un autre passe par les étoiles.

Souvent, il rentre tard dans la nuit et le froid, toujours au volant de sa voiture, tandis que les camarades dorment, affalés sur les coussins, à l'intérieur. Parfois, quand il a trop sommeil, il retient l'un d'eux, à ses côtés :

— Si je m'endors, tu me pinceras ; cette nuit, les arbres m'attirent de façon particulière.

C'est le 3 février, trois jours avant la date fatidique. José Antonio a parlé dans plusieurs villes d'Estrémadure, tantôt soulevant l'enthousiasme des petites gens comme à Jaraíz, tantôt se heurtant à l'indifférence des bourgeois comme à Plasencia.

Il est onze heures du soir. Le Chef a décidé d'aller coucher à Salamanque afin de repartir le lendemain matin pour Medina del Campo, ensuite pour Gijón sur la côte Nord et de revenir à Madrid y attendre le résultat des élections. Il emmène avec lui Bravo et Aguilar ; ce dernier, pourtant vigoureux, est mort de fatigue car il a accompagné José Antonio dans les pérégrinations des derniers jours. Aussi, au départ se cale-t-il au fond de la voiture pour s'y endormir immédiatement. Le Chef est le plus résistant de tous — la santé de fer des Primo de Rivera. Cependant, il commence à sentir le besoin de sommeil et il dit à Bravo qui s'assied près de lui :

— Nous n'avons qu'à parler tout le long du chemin, sinon je m'endors. Malgré sa lassitude, il s'épanche dans une de ses conversations intimes dont ceux qui ont survécu gardent à jamais le souvenir. Bien entendu, il s'agit des élections. José Antonio est certain de l'échec de la Phalange et la nécessité d'un soulèvement prochain s'impose à son esprit. En même temps, avec la plus grande sérénité, il envisage sa mort comme probable.

Sur le bord de la route déserte, tour à tour, les bois de chênes verts et les talus pierreux paraissent et disparaissent sous le pinceau lumineux des phares. Le bourdonnement du moteur assourdit les voix et par moments José Antonio ralentit la marche pour entendre son compagnon. Ils s'arrêtent à Béjar, dans une taverne encore ouverte, pour y boire un verre de bière. Des ouvriers sont là et parlent politique sans reconnaître les jeunes gens. En reprenant la route, le Chef dit à son ami :

— Je ne comprends pas l'aveuglement et la torpeur des partis de droite. Il y a dans la masse ouvrière un terrible ferment de revanche.

Sa voix si claire est légèrement enrouée ; il a tant parlé ces derniers jours !

Enfin apparaissent les lumières de Salamanque et la haute silhouette de la cathédrale. La voiture franchit le Tormes sur le pont neuf et entre dans la ville. Il faut secouer Aguilar pour le réveiller.

Il est deux heures du matin quand ils pénètrent dans le hall du Grand Hôtel. José Antonio va directement à sa chambre et demande qu'on le réveille à sept heures du matin. Francisco lui souhaite le bonsoir et le quitte sur une chaude accolade. Alors — est-ce la conversation de tout à l'heure ? —, l'ami est saisi d'un douloureux pressentiment. Il l'avouera plus tard en termes émouvants :

— Jamais plus je ne l'ai revu. Jamais plus ne m'ont regardé les yeux bleus[5]. Jamais plus ne m'a éclairé son sourire. Je le fixai à nouveau comme il montait, souple et fort l'escalier, de marbre. Pour moi c'était le chemin mystérieux qui le conduisait dans l'au-delà.

Ce que José Antonio avait prévu arriva : le Front populaire l'emporta et Azaña revint au pouvoir. La joie bruyante et agressive des vainqueurs consterna les vaincus. Seul, des trois chefs, Calvo Sotelo était réélu. Dans un article d'*Arriba* du 23 février, José Antonio conjure le président Azaña de sauver l'Espagne dont il tient, une seconde fois, les destinées dans sa main. Pour faire front au péril, il lui conseille de former un gouvernement sur une large base nationale excluant seulement les marxistes et les séparatistes. La conclusion des élections est celle-ci : l'Espagne doit faire une révolution nationale. Azaña la mènera-t-il ? Ah ! s'il le faisait ! Mais, s'il a la vocation d'un Kerenski, l'heure de la Phalange sonnera.

---

[5] Voir la note du chapitre I.

On a parlé d'une entrevue qui aurait eu lieu, à cette date, entre Azaña et José Antonio. Le président lui aurait conseillé de quitter l'Espagne ? C'est faux. Mais il est possible qu'Azaña ait fait donner cet avertissement par un tiers, soit qu'il voulût sauver la vie du jeune homme, soit, plutôt, qu'il pensât, par ce départ, éviter la guerre civile.

Ce qui est certain, c'est qu'au lendemain des élections, José Antonio fut mandé au siège du gouvernement par le président du Conseil, Manuel Portela Valladares. Celui-ci, effrayé par les manifestations marxistes, voulait s'assurer que les phalangistes ne répondraient pas aux menaces de leurs ennemis. Le Chef lui répliqua, sur le ton hautain qu'il prenait souvent avec ses adversaires politiques haut placés ; à ces moments-là, c'était le grand d'Espagne qui reparaissait. Il déclara qu'il ne laisserait pas tuer ses hommes comme des moutons et que c'était au gouvernement à maintenir l'ordre dans la rue.

Ce fut le début des heures graves pour la Phalange. À la crainte du pire s'ajouta le petit ennui d'avoir à chercher un autre local. On ne pouvait plus payer le loyer de la Cuesta de San Domingo et les gens du quartier se plaignaient — non sans raison — d'un voisinage bruyant et même dangereux. Dans les circonstances actuelles, la difficulté était grande pour trouver un autre gîte. Le dévouement de l'ancien chauffeur du général et un habile subterfuge sauvèrent la situation. On put s'installer rue Nicasio Gallego, mais le local était petit et plus loin du centre de la ville. Comme toujours, en face des ennuis matériels, José Antonio montra une indifférence sereine :

— La Phalange doit marcher solitaire par le monde et connaître tous les sentiers et chemins. Elle peut toujours aller dans la rue et sur la grande route.

En attendant, il se repose de ses fatigues de la campagne électorale ou feint de se reposer. Toujours correct et élégant, il se promène beaucoup dans les rues de Madrid. On le voit rue d'Alcalá, sur la plaza Mayor, autour de la Puerta del Sol toujours vibrante des cris de triomphe marxistes et où, au lendemain du 16 février, fut foulé aux pieds le grand portrait de Gil

Robles. Ses adversaires s'écartent en silence pour le laisser passer. L'Espagnol, quel qu'il soit, a le respect du courage individuel.

Le soir, José Antonio s'attarde dans quelque bar, au café Europa, ou bien il fait sortir ses sœurs. Le 21 février, il assiste, au théâtre Lara, à la représentation d'une comédie de son ami Félipe Ximénez de Sandoval. Il se réjouit beaucoup d'entendre ces paroles d'un des personnages : « Quand on n'a pas d'argent, il n'y a qu'à le prendre là où il est. »

N'est-ce pas la consigne phalangiste... et communiste ?

À l'entr'acte, il va voir les actrices dans leur loge et échange avec elles des propos galants. Soudain, il apprend que l'écrivain García Lorca[6] est dans la salle. Il a très envie de le connaître et de causer avec lui. Il demande à lui être présenté, mais le poète grenadin se refuse absolument à toute entrevue avec le chef de la Phalange. Celui-ci en est navré. Ne peut-on donc pas séparer politique et poésie ? Ce serait si bon d'avoir au moins un terrain de contact avec les adversaires. Lui, n'a pas de parti pris et, comme en ces mêmes jours Félipe hésite à se rendre à un banquet donné en l'honneur de l'écrivain rouge Alex Casona (auteur de *Notre Natacha*), il le pousse fortement à y assister, ajoutant seulement :

— Tu n'oublieras pas de mettre le joug et les flèches sur ton veston.

Les siens sont de plus en plus dans l'inquiétude. Ses amis blâment son insouciance ; l'un d'eux lui suggère de s'en aller au Portugal. Là, près de la frontière, il continuerait à diriger la Phalange et tiendrait en main tous les fils du soulèvement. Une telle proposition le fait bondir et il répond, indigné :

---

[6] García Lorca (1898-1936), originaire de la province de Grenade. A écrit des poèmes et des pièces de théâtre de valeur inégale, toujours tragiques et avec des procédés peu variés. Certains passages sont d'une intense poésie. Citons : *Noces de sang*, une des meilleures pièces ; *Mariana Pineda* ; *J'irai à Santiago*, etc. García Lorca prit part à la guerre civile et mourut fusillé, condamnation que José Antonio eût, sans doute, désapprouvée.

— Même sachant tous les risques que je cours en restant, jamais je n'abandonnerai mes camarades qui courent des périls semblables. La Phalange n'est pas un vieux parti de conspiration romantique avec des chefs à l'étranger. La Phalange est une discipline classique et harmonieuse dans laquelle nous prêchons, comme première règle personnelle, le sacrifice qui, jamais, n'est inutile.

Le 27 février, par ordre du gouvernement, les scellés sont mis sur le local de la Phalange et *Arriba* suspendu. Le dernier numéro paraît le 5 mars.

En dépit des consignes de calme données par le Chef, l'agitation des phalangistes répondait à celle des marxistes. Elle était particulièrement vive chez les étudiants divisés en deux groupes : marxistes et antimarxistes, ceux-ci portant, comme emblème, le cygne du grand Cardinal de Cisneros. Les professeurs se mêlaient à ces querelles. Plusieurs d'entre eux ne cachaient pas leurs idées communistes ce qui donnait plus d'audace aux jeunes gens du parti.

Le soir du 11 mars, un phalangiste, étudiant en droit, fut abattu traîtreusement, dans la rue. Ses camarades décidèrent de le venger. Nous arrivons à la triste période des représailles que le Chef voulait éviter[7]. Mais c'était hélas ! le seul moyen d'empêcher de nouveaux meurtres. Cette fois, il fallait un exemple frappant. Les jeunes phalangistes décidèrent de s'attaquer à un député socialiste, professeur à la Faculté de Droit, Luis Jiménez de Asúa, bien connu pour sa violence et qui ne s'était jamais élevé contre les crimes marxistes. Ils le guettèrent au sortir de sa demeure et tirèrent sur lui. Mais peu exercés à ce genre de sport, ils le manquèrent et blessèrent mortellement l'agent chargé de sa protection.

Depuis les élections, la fureur marxiste s'étendait au pays tout entier. À la Chambre, Calvo Sotelo dénonçait les attentats

---

[7] Le 8 novembre 1935, dans un discours au Parlement, José Antonio avait déclaré : « La Phalange a l'orgueil de dire que, pas une seule fois, elle n'a commencé l'agression. »

commis ; avec une précision de juriste, il en donnait une statistique exacte : du 17 février, lendemain des élections, à la mi-mars, 106 églises incendiées dont 56 complètement détruites, 345 blessés, 74 tués dans la rue. Il citait ce passage du journal rouge *Claridad* :

« Nous approchons des dernières conséquences de notre triomphe électoral. Revenir à la légalité comme le demandent les droites ? À quelle légalité ? Nous n'en connaissons qu'une : la Révolution. »

Le député monarchiste, « de son verbe de flamme », essayait de grouper tous les hommes aimant vraiment leur pays. Mais il ne se faisait plus d'illusion, « l'opération ne serait pas sans douleur ».

Un de ses amis a rapporté une conversation qu'il eut avec lui, au cours de cet hiver déjà sanglant. Ils se promenaient dans les calmes allées du Retiro, autour de l'étang dont les eaux immobiles reflétaient les arbres dépouillés :

« Je me demande, dit soudain l'homme d'État, si mon destin ne sera pas de servir de paratonnerre pour attirer cette étincelle qui allumera la fournaise d'une réaction réparatrice. Il se peut que toute mon œuvre me conduise à cette finalité suprême que j'accepte, avec toute l'ardeur de mon âme, si elle doit contribuer au bonheur de ma patrie. »

Les pressentiments de Calvo Sotelo rejoignaient ceux de José Antonio.

14 mars — rue de Serrano, dernière maison habitée par ce dernier, avec les siens. C'est le matin, il travaille dans son bureau comme de coutume. Heures de tranquillité qui lui étaient douces autrefois. Autrefois... il y a si peu de temps encore ! Mais aujourd'hui, de sombres vues sur l'avenir proche le détournent de la feuille blanche où rien ne s'écrit. La tentative de meurtre du professeur de Asúa qu'il n'a pas voulue, mais qui a été commise par des phalangistes, la crainte de nouveaux assassinats, les nouvelles qu'il reçoit des provinces où le désordre ne cesse de croître, tout contribue à l'accabler d'une tristesse qu'il a peine à secouer. Il ne pense pas à sa vie menacée,

ni même à ses garçons qui se font tuer, mais à l'Espagne en agonie.

Tous ceux qui se sont donnés à une grande œuvre connaissent cette heure d'angoisse qui précède l'ultime sacrifice. À l'image du Maître, Gethsémani avant le Golgotha. Larmes de Jeanne dans le cachot de Rouen avant le bûcher. Prière du Père de Foucauld avant le drame de Tamanrasset.

Pourtant tout est calme dans la rue. Autour de José Antonio les objets familiers mettent leur présence intime et rassurante : les rayons chargés de livres, les tableaux aimés, les deux vases de Chine sur la cheminée, le grand portrait du père, la Vierge du Perpétuel Secours sur la table de travail. Soudain, il entend à la porte, la voix de sa sœur Pilar qui lui crie : « Ouvre, José, on te demande à la Direction de la Sûreté. »

C'est l'heure attendue depuis quelques semaines. Le jeune homme a retrouvé tout son calme. Il s'apprête comme s'il allait se promener, mais il dit tout bas à sa sœur :

— Que Fernando essaie de me voir demain, à la première heure. Ne conserve pas mes papiers personnels et brûle ceux qui sont dans le carton.

Elle, les lèvres sèches, lui répond cependant avec la même fermeté : « Il sera fait comme tu l'ordonnes. »

Et il quitte la maison avec les policiers. Se doute-t-il qu'il ne reviendra point dans cet asile de tendresse et de paix ?

Il arrive au bureau du Directeur de la Sûreté, un certain Alonso Maillol, assez pauvre sire qui se croit un personnage important dans la République. Sur le refus du jeune homme d'enlever l'emblème phalangiste attaché à son veston, un gendarme l'interpelle grossièrement en l'appelant « *chulo* » (voyou).

Il lui répond en le regardant bien en face de son regard clair devenu dur et froid[8] :

---

[8] Le regard clair de José Antonio était habituellement doux mais sous le coup de la colère ou de l'indignation, il devenait dur, froid comme l'acier.

— Vous parlez ainsi dans ce lieu, avec cet uniforme et ce revolver. Hors d'ici, vous ne seriez pas capable de répéter ce terme si lâche.

La photo d'identité prise ce jour-là montre un José Antonio impassible et résolu, les bras croisés, le regard fixé en haut, la bouche serrée et méprisante.

L'accusation qui pèse sur lui est celle d'avoir brisé les scellés apposés sur le local de la Phalange, rue Nicasio Gallego. Le jeune homme répond à l'interrogatoire sur un ton hautain et mordant. Devant l'insistance de Maillol, il finit par dire qu'il a une déclaration des plus importantes à faire. Il faut des témoins et un secrétaire qui l'enregistrera dans les termes mêmes, avec l'exactitude la plus rigoureuse. Le directeur et ses acolytes, saisis de la plus vive curiosité, lui obéissent et se disposent à l'écouter avec la plus grande attention. Alors, il déclare lentement :

— Les scellés ont été rompus par Monsieur le Directeur général de la Sûreté de la République avec ses cornes...

Quand José Antonio ne veut pas se laisser aller à une de ses colères « bibliques » il se détend par un sarcasme qui foudroie ses adversaires. L'esprit qu'il tient de son atavisme andalou peut aller jusqu'à la cruauté. Ici, son arme c'est le ridicule ; peut-être faut-il voir dans cette réponse une nouvelle manifestation du mépris du grand seigneur pour la valetaille de la république.

De toute façon, son arrestation était décidée à l'avance. Avec lui, sont incarcérés la plupart des membres de sa junte politique et plusieurs autres phalangistes. Tous passent la nuit dans les caves du local de la Direction de la Sûreté.

Pendant que ses camarades dorment, vaincus par la fatigue et les émotions des derniers jours, José Antonio veille. Il rédige un manifeste aussi clair, aussi bien écrit que s'il avait travaillé dans le calme de son bureau.

Il souligne les fautes du gouvernement « petit bourgeois » en sept paragraphes dont chacun porte un titre. Il montre l'état actuel de l'Espagne livrée à Moscou. Il termine par un appel vibrant :

« Aujourd'hui que le pouvoir est entre les mains ineptes de quelques malades capables, par rancœur, de livrer la patrie entière à la désolation et aux flammes, la Phalange tient sa promesse et vous convoque tous, étudiants, intellectuels, ouvriers, militaires espagnols à une entreprise périlleuse et glorieuse de reconquête. *Arriba España.* »

Le lendemain — on ne sait comment —, le manifeste multiplié circulait dans les rues de Madrid et le Président Azaña en trouvait un exemplaire sur son bureau.

L'heure H semblait sonner pour la Phalange, mais, le jour même, le Chef était enfermé à la prison Modelo.

## Chapitre VII

# POUR LE SERVICE ET POUR LE SACRIFICE

> *La vie ne vaut la peine d'être vécue que si on la brûle dans une grande entreprise.*

La prison Modelo portait bien son nom. C'était un vaste édifice récemment construit et parfaitement aménagé. Elle se trouvait dans les quartiers neufs de Madrid et dominait les parcs de l'Ouest où, entre les branches des arbres, les couchers de soleil sont si beaux et le ciel si pur. Tout près s'étendaient les bâtiments de la nouvelle cité universitaire où bientôt se livreraient les combats les plus acharnés de la guerre civile[1].

On l'appelait aussi l'Éventail à cause de ses cinq galeries disposées en cercles concentriques sur lesquels s'ouvraient les cellules.

Fin mars 1936, elle était aux trois quarts pleine de détenus politiques appartenant à divers partis et de quelques condamnés de droit commun.

José Antonio y retrouve presque tout son Conseil politique ; aussi déclare-t-il, en riant, que « la prison Modelo est le quartier général de la Phalange ». Et la vie s'organise dans la demi-liberté laissée aux prisonniers qui n'ont pas encore été jugés. Bien que

---

[1] La prison Modelo a été détruite pendant la guerre civile. Sur son emplacement, on a construit le Ministère de l'Air.

le Chef ait dit « aujourd'hui commence le premier jour de mes vacances... », il impose, dès le début, une discipline à lui-même et à ces jeunes gens actifs et turbulents que l'oisiveté forcée risquait d'amollir ou de décourager.

« La prison, comme la rue, l'hôpital, le cimetière, est un poste de service. »

Le matin, dès le coup de sifflet du réveil, il faut sauter de la paillasse, faire un temps de gymnastique, aller à la douche. Puis, c'est une séance de travail en commun ou séparément. Il y a une équipe de droit, une de sciences, une de lettres, une de médecine. Les plus jeunes continuent leurs études sous la direction des plus âgés de leur spécialité. José Antonio n'avait-il pas dit, avant son arrestation :

— Si je vais en prison, je repasserai mon bachot.

L'après-midi, il y a une récréation ; le seul sport possible dans la cour de la prison est le football. Le Chef s'y livre lui-même avec passion. Sans le dire, il souffre, plus que d'autres, de l'absence d'exercices physiques. En ce beau printemps, il pense aux longues courses à pied ou à cheval dans le vent salubre des hauteurs. L'été venu, tout suant sur sa paillasse, il évoque la fraîcheur de l'eau dans les golfes bleus du sud.

Faute de mieux, il organise les équipes de joueurs. Ceux de la F.A.I. (Fédération Anarchiste Ibérique) regardent avec envie les parties phalangistes avec le secret désir d'y participer. Qu'à cela ne tienne ! Et les voilà qui acceptent l'invitation de José Antonio. Celui-ci a un bon jeu, dur et violent, mais il déplore que les as des championnats phalangistes ne soient pas à la Modelo. Suivant son principe de se donner tout entier à ce qu'il fait, il ne veut pas être dérangé pendant la partie ; un jour, le gardien vient le chercher au cours d'une récréation : on le demande au parloir.

— Dites que je n'y suis pas, déclare-t-il avec vivacité.

Et le brave homme de s'étonner :

— Mais, don José, je ne puis dire que vous êtes sorti.

Pourtant, l'heure des visites — de midi et demi à une heure et demie — est l'heure désirée entre toutes. Elle l'est d'autant plus qu'à la joie de revoir les visages aimés s'ajoute la nécessité de faire passer au-dehors les consignes du Chef. Elles sont imprimées clandestinement dans le journal qui remplace *Arriba* et qui s'intitule : *No Importa* (Peu importe).

Les femmes sont les plus habiles à tromper la surveillance des gardiens. Beaucoup de ces jeunes gens ont moins de trente ans et sont fiancés. (En Espagne, on est toujours fiancé, fût-ce pendant des années.) Les jeunes filles passent, vives et gracieuses, devant les geôliers qu'elles désarment au moyen d'un sourire, d'un mot aimable, mais elles ont dans leur corsage, même dans leur chaussure, le précieux message du Chef.

Souvent, après avoir vu leur « *novio* » — fiancé — elles demandent à saluer José Antonio ; lui n'a pas de fiancée, comme le poète Alan Seeger, « son rendez-vous est avec la mort ». Mais il dit en riant qu'il est le fiancé de toutes les jeunes filles à la fois et son visage grave s'éclaire au sourire de cette jeunesse ardente et courageuse. Par exemple, il refuse tout cadeau : ni friandises, ni vin, ni liqueurs, ni cigarettes ; d'ailleurs, trait rarissime chez un Espagnol, il ne fume pas. Au début, sa famille, connaissant son bel appétit, a voulu lui envoyer ses repas de la maison ; il a dit non, et il se contente du frugal ordinaire de la prison.

« Les âmes comme les corps se forgent dans le sacrifice. »

Il estime que cette vie dure et incommode est celle qui convient à la Phalange.

S'il accepte avec plaisir les visites de « ses fiancées », il déteste qu'on vienne le voir par simple curiosité. Une fois, sa sœur Pilar lui apporte l'album de la fille d'une haute personnalité étrangère pour qu'il y écrive une pensée. Il prend le cahier, y met sa signature et, par-dessus, sur toute l'étendue de la feuille blanche, il trace au crayon rouge, quatre barres horizontales et quatre verticales.

— Que fais-tu ? lui dit sa sœur étonnée.

— Une pensée serait certainement arrêtée par la censure, répond le jeune homme, mais pour qu'on ne dise pas que je manque de galanterie, j'envoie mon portrait à cette jeune fille : José Antonio derrière les grilles de sa prison...

Après le jeu et les visites, le travail reprend. José Antonio forme les jeunes à la politique, ou plutôt, car il n'aime pas ce mot, il leur montre le sens et le but de leur future activité sociale. Comme chez lui, comme dans son bureau du Centre, comme dans ses tournées, il est à tous et à chacun. Il préfère voir ses garçons en particulier, éclairant les esprits par la netteté de sa pensée, réchauffant les cœurs à son propre feu.

Aussi, après le maigre souper, retrouve-t-il avec bonheur les quatre murs de sa cellule. Encore ne peut-il pas toujours échapper à la partie d'échecs proposée par les camarades qui savent son peu de goût pour les cartes.

Heureusement qu'on ne coupe pas l'électricité à la Modelo et qu'il n'a pas besoin de beaucoup de repos au lit. Après une journée donnée aux autres, il a ses heures à lui, dans la nuit silencieuse où s'apaisent les révoltes et les angoisses de tant d'êtres jeunes livrés au sommeil.

José Antonio rédige d'abord les articles de *No Importa* et revoit ceux de ses collaborateurs. Ils renferment les consignes du lendemain qui seront transmises mystérieusement dans toute l'Espagne. Ce travail exécuté, il lit et écrit pour son compte personnel. Par bonheur les livres ne lui manquent pas, il les dévore et Miguel prétend qu'en quelques mois son frère a absorbé plus de sept mille pages. L'histoire l'attire toujours ; il passe de Salluste à Bainville, puis à Trotsky, et il reprend plusieurs fois l'ouvrage de Sorel : *Réflexions sur la violence*. Pour lui, point de lectures frivoles. Mais il réclame pour ses camarades des romans « fleuve ». Il déclare au père de son ami, l'écrivain Ximénez de Sandoval :

— Dites à Felipe qu'un livre de deux cents pages représente seulement une paire d'heures, dans ce lac d'ennui qu'est la prison.

Il se détend mieux encore en écrivant. Dans son testament, par excès d'humilité, il a ordonné à ses exécuteurs testamentaires de brûler tous ses papiers personnels. Nous ne savons rien de son activité littéraire, ni de cette curieuse autobiographie, intitulée : *Le Voyageur solitaire*, où il imagine que celui-ci voit passer sa vie à travers la portière d'un train en marche.

Son grand réconfort est la prière. Le dimanche, à la messe, il est heureux d'avoir tous ses camarades autour de lui. Le 12 avril, jour de Pâques, tous communient avec une ferveur accrue par l'incertitude du lendemain. Il peut donc écrire à sa tante Carmen qui est religieuse :

« Notre vie est ordonnée et irréprochable. Nous travaillons sans trêve ; en aucune façon, le découragement ne peut m'atteindre à côté de cinquante magnifiques garçons qui m'édifient par leur joie de vivre et leur énergie. Je voudrais au moins ne pas être indigne d'eux. »

Cependant, au-dehors, la Phalange, décapitée, isolée, poursuivie, tient toujours. Le rayonnement de José Antonio est tel qu'il s'exerce même à travers les murs de la prison. Il suffit d'un mot du Chef transmis de bouche en bouche, d'un papier chiffonné couvert de la petite écriture presque féminine, pour que les énergies se tendent à nouveau et que les enthousiasmes se rallument dans l'amour. Pourtant les difficultés grandissent, surtout à Madrid, malgré le dévouement de Miguel et de Fernando qui essaient de remplacer leur frère. Tous les jours, le jeune médecin vient à la Modelo et sa serviette d'étudiant a des recoins secrets.

La Phalange n'a même plus de local ; on se retrouve dans la rue, ce qui est dangereux, dans une maison amie, mais la police rôde à l'entour ; finalement, les musées sont les refuges les plus sûrs. Les rouges ne les fréquentent guère et, dans les petites salles du rez-de-chaussée, au Prado, on peut parler sans éveiller l'attention des gardiens somnolents.

L'impression et la diffusion de *No Importa* réclament des prodiges d'habileté et de courage. Mais on réussit toujours à tromper la surveillance de la police. Le plus difficile, au début, avait été de trouver un imprimeur. Puis une équipe d'ouvriers de confiance consentit à imprimer le journal en travaillant la nuit quelques heures pour dépister les indiscrets. Le premier numéro fut tiré à 2 000 exemplaires. Sous le titre, était écrit : *Bulletin des jours de persécution*. Plus délicate encore en était la distribution. Grâce à l'ingéniosité de Raimundo Fernández Cuesta, au dévouement de Mariano García et de plusieurs autres, la vente dans Madrid et les envois en province furent très bien organisés. Les bulletins étaient placés entre des journaux socialistes.

D'autres feuilles clandestines parurent dans les provinces, par exemple, aux îles Baléares : *Aqui Estamos* (Ici nous sommes), mais elles n'eurent jamais le rayonnement de *No Importa*.

Cependant José Antonio tenait à diriger lui-même la composition du journal, car il le voulait bien fait, bien écrit. Une fois, il envoya une note de sa main conçue en termes énergiques, menaçant de suspendre immédiatement *No Importa* « si de pareils défauts se reproduisaient ».

— Le Chef est exigeant, murmuraient les garçons mécontents ; ils protestaient souvent, mais obéissaient toujours.

Si l'influence de José Antonio est toujours aussi forte sur ses troupes, son prestige a grandi en dehors de la Phalange. Plusieurs petits faits le prouvent.

En avril, un siège de député se trouve vacant dans la circonscription de Cuenca, en Nouvelle-Castille, par suite de l'annulation d'une élection de février. Miguel décide d'y faire campagne pour son frère. Dure bataille où le jeune homme risque sa vie et s'en tire avec son auto brûlée et la prison à la fin de la période électorale. Naturellement, le gouvernement emploie tous les moyens légaux et illégaux pour empêcher un succès qui eut libéré José Antonio en lui conférant l'immunité parlementaire. Lui, apprit son échec sans le moindre découragement. N'en était-il pas certain à l'avance ? Il écrit peu de temps après :

« Ils disent que la Phalange n'existe pas, que la Phalange n'a pas la moindre importance. Mais nos paroles sont dans l'air et dans la terre. Et nous, dans la cour de la prison, nous sourions sous le soleil de printemps qui fait éclore tous les bourgeons. »

Même au point de vue littéraire, la notoriété du jeune homme est déjà grande. L'illustre écrivain espagnol Azorín[2] vient le voir dans sa prison ; il voudrait l'emmener à Buenos Aires où se tient un congrès international d'écrivains. L'amère ironie d'une invitation à laquelle il ne peut répondre fait sourire José Antonio ; mais au fond de lui-même, il pense à la joie qu'il aurait éprouvée dans ce milieu d'intellectuels distingués. Hélas ! c'en est fini avec le dilettantisme littéraire et les distractions frivoles.

Toujours vers la même époque, la mort en service de son cousin, Andrés Sáenz de Heredia, lui cause un profond chagrin. Ce sang de la famille est le premier versé. Il réunit ses camarades et, suivant la coutume phalangiste, il fait l'appel du nom. Tous répondent : Présent, puis il ordonne que chacun reprenne son travail, mais, lui est plus long à retrouver son calme intérieur[3].

La tâche la plus urgente consiste à préparer la défense dans le procès qui va s'ouvrir contre lui, à la fin du mois de mai. Il aura lieu dans la prison même. Les motifs d'accusation sont les suivants :

1° Délit d'imprimerie clandestine.
2° Illégalité de la Phalange.
3° Insulte au Directeur de la Sûreté.

---

[2] Azorín, 1874, originaire de la province d'Alicante. Essayiste et romancier. A renouvelé le roman en montrant la beauté de la vie quotidienne et en comprenant l'âme espagnole des classes moyennes. Œuvres principales : *Doña Inés, Don Juan, Une heure d'Espagne entre 1560 et 1590, Lectures espagnoles*.
[3] Le père d'Andrés, l'oncle Gregorio, sera assassiné en même temps que ses deux autres fils, Joaquín et José, pendant la guerre civile. C'était un homme d'une grande valeur morale comme le prouve le fait suivant : quelques jours après l'assassinat d'Andrés, un de ses amis sort avec lui de l'église où il l'avait vu abîmé dans sa prière. Il lui dit :
— Moi aussi, j'ai prié pour ton fils.
Et Gregorio de répondre :
— Je n'ai pas prié pour mon fils, c'est inutile, il est mort martyr ; j'ai prié pour son assassin afin que Dieu lui pardonne et que, lorsqu'il arrivera là-haut, lui et Andrés puissent s'embrasser comme des frères.

4° Port d'armes prohibé.

José Antonio se défend très habilement sur les deux premiers points, un peu trop spirituellement sur le troisième et le quatrième provoque en lui une « colère biblique ». En effet, c'est plusieurs semaines après son arrestation qu'une perquisition à son domicile avait révélé la présence de quelques revolvers. C'était tellement absurde de lui en faire le grief qu'il ne peut se contenir ; il arrache sa toge, la piétine en mépris de cette parodie de justice. Un secrétaire lui lance un encrier au visage et le blesse assez profondément.

Cependant, le 28 mai, les juges, avec une équité surprenante, reconnaissent la légalité de la Phalange, ce qui pour lui était l'essentiel dans le procès. Mais la Cour de cassation cassa le jugement pour vice de forme et un autre procès aura lieu, le 5 juin, non dans la prison, au Palais de Justice installé dans l'ex-couvent des Salésiens.

Le prévenu y arrive dans une auto escortée de plusieurs autres avec des forces de police, mais la séance est publique. Des phalangistes se sont introduits — Dieu sait comme — dans la salle qui est comble. Beaucoup d'entre eux n'ont pas revu le Chef depuis son arrestation. Comme il a changé ! Trois mois de réclusion ont pâli son teint chaud de garçon sportif ; les traits de son visage semblent fatigués et la peau n'est plus lisse comme le grain d'un beau marbre. Peut-être aussi sous son calme apparent, José Antonio est-il bouleversé par tous les souvenirs qui l'assaillent en ce lieu.

On dirait que sa vie tient en raccourci autour de cette bâtisse grise de l'ancien couvent. Là, il a été baptisé ; là, jeune avocat, il a prêté serment. Printemps de 1903... Printemps de 1925... Là, il doit se défendre aujourd'hui contre une condamnation probable, la mort peut-être. Et à deux pas, c'est sa maison natale et les aimables petits jardins qui ont vu ses premiers pas et ses premiers jeux.

Avant de commencer sa plaidoirie, il se sent le cœur si serré et la gorge si contractée qu'il lui semble impossible de parler.

Juste en face de lui, il voit, non le crucifix enlevé par la République laïque et franc-maçonne, mais la trace de la croix visible sur la tenture moins fanée à cet endroit. Soudain, il lui paraît que l'image du Christ a repris sa place et que le Sauveur le regarde avec une infinie compassion. Alors, comme il avait coutume de le faire quand il était enfant, il jette toute son angoisse au divin Crucifié, dans une ardente supplication. Peu à peu, le calme revient en lui et il commence sa plaidoirie avec la même assurance que s'il s'agissait de défendre un client quelconque. La salle est loin d'être tranquille. Des remous violents et contraires se produisent dans l'assistance : phalangistes qui acclament le Chef, marxistes qui le sifflent. La bouillante Lola crie à son cousin qu'il n'a qu'à souffleter ses juges. Elle est arrêtée et emprisonnée, ce qui lui vaut une popularité traduite en chansons :

*Lola Primo de Rivera, cette fleur d'Espagne...*
*Ne sera jamais député...*

Après la séance, José Antonio va dans la salle où les avocats enlèvent leur toge, puis il passe dans la bibliothèque où il se repose un instant, entouré de ses ex-collègues qui le félicitent de sa plaidoirie. Il rit avec eux. On dirait qu'il a tout oublié : la Phalange, le procès, la prison, il est redevenu l'avocat heureux d'autrefois qui, sa tâche achevée, se réjouit d'aller faire un tour à cheval, à la Casa de Campo.

Tout à coup, la porte s'ouvre, les policiers apparaissent sur le seuil ; il est temps de rentrer à la geôle. La douce illusion de la liberté reconquise s'évanouit. José Antonio se lève et dit, sur un ton dégagé qui voile son amertume secrète :

— Ils viennent pour moi. Il faut que je vous laisse et que je retourne là-bas. Je le regrette parce que la nature est belle et que Madrid est très beau. Madrid est toujours plus beau quand il y a un certain temps qu'on ne l'a vu et j'ai très envie de me promener.

Il prend congé de ses amis et descend le grand escalier. Sur le trottoir, ses chers garçons l'attendent et le saluent, en silence, du bras levé. Avant de monter en voiture, il jette un long regard sur la façade grise et c'est comme un adieu à son passé.

Pourtant, il doit revenir le 24 juin pour une seconde plaidoirie. Il ignore que, pour ce jour-là, des amis fidèles ont préparé son évasion. Dans la salle des avocats, il revêtira un bleu d'ouvrier et, une boîte d'outils sur le dos, il sortira par une petite porte de service.

Le gouvernement eut-il l'intuition d'un complot ? Prit-il ombrage du succès de la plaidoirie et de l'élan de sympathie venu de milieux non phalangistes ? Voulut-il seulement l'éloigner d'un Madrid de plus en plus fiévreux ? Peut-être même empêcher un assassinat ? Sur ce point, beaucoup de conjectures ont été faites, et le passage du testament qui s'y rapporte est assez obscur.

À onze heures, le soir même de ce 5 juin, sans aucune explication, José Antonio et Miguel sont avisés de leur départ immédiat.

— Ils m'enlèvent d'ici pour me tuer ; je les connais et on ne me trompe pas, s'écrie le jeune homme qui refuse d'obéir.

Suit une scène des plus violentes avec le Directeur de la prison où, cette fois, José Antonio semble avoir perdu toute maîtrise de lui.

Les camarades consternés entendent les éclats de voix du Chef. Pour la dernière fois, ils écoutent ses pas dans la galerie. Alors, étouffant leur anxiété, d'une seule voix, ils entonnent le chant de l'espérance : *Cara al Sol...* José Antonio y répond par le cri qui fait accepter la souffrance en lui donnant un sens : *Arriba España !...*

Les deux frères quittent la prison dans une puissante Hispano-Suiza, accompagnés du commissaire de police et de deux agents ; derrière, vient une camionnette bondée de gardes d'assaut. Les voitures contournent la capitale et prennent à toute allure la route de l'Est. José Antonio n'a pas eu le temps de changer de vêtements, il a gardé sa combinaison bleue et n'a qu'un maigre baluchon pour tout bagage ; il lui est surtout pénible de n'avoir ni ses livres, ni ses papiers.

Dans la nuit tiède de printemps, à travers la vitre fermée, il essaie d'apercevoir la ville tant aimée qu'il ne reverra plus, il en est sûr. Il devine la masse sombre du Palais Royal, il imagine la rêverie silencieuse des parcs, sous la clarté des étoiles. Oh ! Madrid !... Madrid !... cadre des souvenirs heureux de son enfance comblée, de son adolescence riche de tous les espoirs, mais aussi des souffrances du cœur, des renoncements et des sacrifices dans l'âpre lutte de chaque jour. Mais il ne regrette rien ; il y a en lui un extraordinaire mélange d'angoisse et d'espérance, angoisse sur son propre sort, espérance dans le salut de l'Espagne, et cela seul doit compter.

Au cours de ce long trajet de plus de quatre cents kilomètres, l'idée vient soudain aux jeunes gens d'essayer de corrompre les policiers — dans cette république pourrie, tout est possible. À la faveur de la nuit, dans la solitude de la Manche, la voiture changerait de direction, prendrait la route de l'Ouest, vers le Portugal sauveur. Le magnétisme de José Antonio opère une fois de plus ; les hommes acceptent l'éventualité de la fuite. Seul, le commissaire reste irréductible. Le tuer ? Non, José Antonio ne veut pas verser le sang pour son propre salut et il a trop le respect du devoir professionnel pour en vouloir à un fonctionnaire consciencieux.

À six heures du matin, les voitures arrivent à Alicante. La colline de Benacantil dresse son piton calcaire au-dessus des flots. Le soleil déjà levé éclaire les maisons blanches entre les hauts palmiers. La mer brille dans la large courbe du golfe. Mais la porte du cachot se referme brutalement sur ces visions de paradis terrestre à peine entrevu.

La prison d'Alicante, située à l'écart de la ville, ne ressemblait point à la Modelo ; elle était petite, sombre et sale, si sale que les captifs protestèrent que « s'ils étaient condamnés à la réclusion, ils ne l'étaient point à la crasse ».

Les cellules s'ouvraient de chaque côté d'un couloir intérieur ; celle de José Antonio était exiguë, à peine éclairée par une étroite fenêtre semblable à une meurtrière. Une paillasse sur le sol, une petite table, un tabouret, une prise d'eau composaient le mobilier. La cellule de Miguel, en face de la sienne, était moins sombre et donnait sur la cour ; la paillasse était placée sur un lit de fer.

Le milieu était pénible ; les détenus politiques étaient mêlés à ceux de droit commun, plus nombreux. D'ailleurs, les conversations entre prisonniers étaient interdites, de même que les visites masculines ; seules les femmes étaient autorisées à parler aux prisonniers derrière de doubles barreaux et un treillis métallique.

La présence de Miguel à ses côtés ne consolait point José Antonio ; il se reprochait d'avoir entraîné son frère dans le malheur alors que celui-ci venait de se marier.

Dès le début, le jeune homme se fit une règle de vie comme à la Modelo ; et le travail intellectuel y tenait la plus grande place.

Il écrivait à son amie L., le 27 juin :

« Nous avons déjà établi nos habitudes : gymnastique, douche, etc., et il ne se passe rien de mal. Nous lisons, nous écrivons et, une heure par jour, nous nous montrons dans une cage pour recevoir les amitiés des camarades femmes de la région et, d'autre part, pour alimenter la curiosité d'un grand nombre de paisibles citadins qui, dans leur vie sans vicissitude, trouvent un attrait considérable à voir deux hommes dans une cage. »

La cour de la prison était trop petite pour qu'on y pût jouer au football. Cependant les deux frères avaient confectionné un ballon avec de vieux chiffons et ils se le lançaient d'une cellule à l'autre pour se donner l'exercice qui leur manquait.[4]

Les difficultés étaient aussi beaucoup plus grandes pour transmettre les lettres et les ordres du Chef. Or, celui-ci était inquiet, il savait que ses garçons ne manqueraient jamais de courage, mais il savait également combien ils étaient ardents et indisciplinés. Tous ses messages les rappellent impérieusement

---

[4] Le ballon a été conservé dans la prison ; les chiffons sont tellement serrés qu'il est fort lourd et de la dimension d'un ballon de football.

à l'obéissance et au respect de la hiérarchie, sous peine d'exclusion. Le 18 juin, il écrivait à Bravo, resté à Salamanque :

« Il ne faut pas qu'un seul militant marche comme une roue folle mais que tous soient inscrits dans des cellules et des escadres. »

Mais à côté des paroles sévères, il y avait aussi les mots qui allaient au cœur :

« Je suis loin quant à la distance, je suis plus près de vous que jamais, non seulement par l'ardeur spirituelle, mais par une activité silencieuse qui jamais ne se repose. » (29 juin)

C'était toujours par les femmes que les messages se transmettaient. Nombreuses étaient les visites féminines, mais, plus encore qu'à la Modelo, le Chef n'acceptait que les entrevues utiles. Il envoyait Miguel en éclaireur :

— Si c'est pour une mission concrète, bien ; sinon renvoie-la sans autre forme de courtoisie.

Vers la mi-juin, il reçut un groupe de jeunes femmes de Valence à qui il passa des consignes pour toute la côte du Levant ; il leur parla en ces termes :

— Je rêve pour notre Phalange d'une force indestructible faite de clarté et de joie. Des jours mauvais s'approchent, mais si vous gardez l'esprit d'aujourd'hui, la vérité luira sur notre mouvement. J'ai une foi extraordinaire dans les femmes de la Phalange. Vous êtes notre meilleure racine ; quant à nous, nous n'avons qu'à résister, croire et combattre pour Dieu et la Patrie jusqu'à la mort.

Les jeunes femmes l'écoutaient, les larmes aux yeux ; elles ne redoutaient point le danger pour elles, mais elles tremblaient pour sa vie, à lui. Il les rassura en leur montrant les médailles et le scapulaire de la Vierge de la Merci (ou de la rédemption des captifs) qu'il portait sur lui. Ainsi, il était sûr de la protection de Notre-Dame.

Il ne leur disait pas de quelle façon il comprenait son salut ; être sauvé, ce n'était pas échapper au péril, c'était mériter, par le sacrifice consenti de sa vie, la récompense éternelle.

Comme il l'avait dit aux jeunes Levantines, des jours sombres approchaient : le 12 juillet, s'éteignait la grande voix de Calvo Sotelo. Celui-ci continuait à dénoncer, en pleine Chambre, les atrocités rouges en des statistiques implacables. Menacé de mort par ses ennemis, il leur avait répondu par les paroles de saint Dominique de Silos à un roi de Castille :

— Vous pouvez m'ôter la vie, vous ne pouvez faire plus.

Ce dimanche-là, sur les instances de sa femme, après avoir entendu la messe, il n'avait point quitté la grande maison ensoleillée toute bruissante de jeux et de rires enfantins.

En pleine nuit, à deux heures et demie, des coups violents et répétés ébranlent la porte d'entrée. C'est la direction de la Sûreté qui envoie un officier et des miliciens pour l'emmener, disent-ils, en vue d'un interrogatoire. Il proteste, invoquant l'immunité parlementaire. En vain. Alors, il rassure sa femme éplorée, lui promet de revenir et monte dans la camionnette avec les gardes d'assaut. La voiture prend aussitôt, non la direction de la maison de la Sûreté, mais celle du cimetière de l'Est.

Quelques minutes à peine et Calvo Sotelo s'affaisse, lâchement assassiné d'une balle à bout portant, dans la nuque.

Lorsque José Antonio apprit la nouvelle qu'on ne manqua pas de lui faire savoir, il fut bouleversé. Malgré les divergences de caractère et d'idées entre les deux hommes, ils ne pouvaient que s'estimer mutuellement pour des qualités semblables de lucidité, de loyauté, de courage.

José Antonio comprit que le moment était venu de la grande révolte ; le 17 juillet, il lança l'appel au soulèvement.

Le signal en était « l'assassinat de l'illustre Espagnol qui s'était confié à l'honneur et à la fonction publique de ceux qui l'emmenaient ». Il s'agit de sauver, de l'emprise de Moscou, « la vieille Espagne missionnaire et militaire, paysanne et ouvrière et de lui ouvrir des chemins splendides ». Ce triomphe ne sera pas celui « d'un groupe réactionnaire et ne marquera pour le peuple la perte d'aucun avantage ». Au contraire, une œuvre nationale « élèvera les conditions de vie du peuple qui sont affreuses dans certaines régions ».

Le manifeste se terminait ainsi :

« Travailleurs, paysans, intellectuels, soldats et marins, gardiens de notre patrie, secouez votre résignation devant le tableau de son écroulement et venez avec nous pour une Espagne *unie, grande, libre.* Que Dieu nous aide ! »

La diffusion de ce manifeste — le dernier de José Antonio — se heurta aux plus grandes difficultés.

Le matin du 21 juin, Manuel Mateo sortait de l'immeuble madrilène où la feuille avait été imprimée et tirée à 170 000 exemplaires ; il les emportait en 170 paquets, dans une voiture de laitier. Elles étaient intercalées entre des journaux de banque. Juste à ce moment, des miliciens armés arrivaient pour perquisitionner dans l'immeuble. Minutes atroces ! Tous les gens de la maison s'attendaient à être massacrés. Les soldats, n'ayant rien trouvé à l'intérieur, sortirent. La voiture de laitier était toujours dans la cour. Personne n'osait bouger, ni regarder ce qui se passait dehors. Au bout de quelques minutes, Mateo rentra, blême, tremblant d'émotion, bégayant : « Ils n'ont pas vu le manifeste, ils ne m'ont pas arrêté, je ne me l'explique pas. »

Mais après délibération, on convint qu'il était impossible de répandre le manifeste et périlleux de le conserver. La mort dans l'âme, les jeunes gens détruisirent les feuilles, à grand-peine, en brûlant une partie et en jetant l'autre, par petits morceaux, dans les cabinets. Un seul exemplaire fut gardé religieusement par un camarade de Madrid qui survécut aux massacres.

Par une coïncidence toute fortuite, c'est le 18 juillet que l'armée du Maroc donne le signal de la rébellion et que l'Espagne prend feu, de Burgos à Séville. Calvo Sotelo avait vu juste : « De sa mort, avait jailli l'étincelle allumant la fournaise d'une réaction réparatrice. »

Ceux qui aimaient José Antonio ne s'y trompèrent point : le meurtre du chef monarchiste était la préfiguration du sien.

Déjà, depuis quelque temps, tia Má, Carmen et Margot, la femme de Miguel, étaient arrivées à Alicante et installées à l'hôtel Samper. Elles étaient venues de Madrid au péril de leur vie. L'auto, conduite par Carmen, avait été arrêtée plusieurs fois ; le calme et l'assurance des trois femmes les avaient sauvées, mais elles avaient été forcées de se débarrasser de leurs pièces d'identité et de papiers compromettants.

Elles voyaient chaque jour leurs chers prisonniers ; la jeune mariée se tenait presque constamment à la porte de la prison avec la voiture, dans la crainte que son mari et son beau-frère fussent emmenés dans quelque palmeraie pour y être sauvagement abattus.

Mais à partir du déclenchement de la guerre civile, toute communication avec le dehors fut interdite aux prisonniers et les visites supprimées. Le 1$^{er}$ août, tia Má, Carmen et Margot furent arrêtées et incarcérées à la prison des femmes.

Un silence opaque qui ressemble déjà à celui de la tombe enveloppe les captifs. Il est maintenant impossible à José Antonio de faire passer à l'extérieur le moindre message, la moindre consigne.

Ceux qui attendent de lui la lumière et la force pourraient le croire mort si une invincible espérance ne les soutenait.

Lui-même est dans l'ignorance totale des événements, durant ces quatre mois interminables — 18 juillet – 20 novembre — de la tombe à la tombe ; la véritable est la première, l'autre est « l'issue par en haut ».

Une seule fois, cependant, au cours de l'été un journaliste du *News Chronicle* de Londres obtient la faveur insigne d'aller interviewer José Antonio, à la condition expresse de ne point lui parler de la guerre civile. Deux policiers assistent à l'entretien pour que la consigne soit observée.

Les yeux du captif sont intensément fixés sur le visage de l'inconnu. Ah ! s'il pouvait lui apporter quelque nouvelle. C'est avec l'accent du désespoir qu'il pose l'angoissante question :

— Oh ! que se passe-t-il maintenant ? Je ne sais rien, je ne sais rien...

L'homme, à la curiosité morbide, est ému par ce ton poignant, mais bien entendu il ne veut pas risquer sa tête ; il reste silencieux. Puis, il interroge à son tour :

— Si je vous disais que le soulèvement a changé de direction et que la vieille Espagne combat maintenant pour garder ses privilèges ?

— Je ne sais rien, répète José Antonio, la gorge serrée, les yeux embués par les larmes qu'il contient, mais je ne crois pas que ce soit vrai.

Retrouvant toute sa fermeté, il expose, avec feu, le programme de la Phalange et il proteste contre l'accusation fausse d'avoir instauré une politique de « coups de revolver » :

— Mes garçons ont pu tuer, mais toujours après avoir été attaqués.

La conversation continue encore quelques instants et le jeune homme termine ainsi :

— Si le mouvement était purement réactionnaire, je me retirerais avec la Phalange et... je reviendrais dans cette prison ou dans une autre d'ici peu de mois.[5]

Le rideau à peine soulevé retombe ; il ne se relèvera jamais plus. Mais, de même que la violence de l'ouragan déchaîné se brise contre les murs d'un sépulcre, de même la fureur des hommes ne peut rien contre le courage tranquille de celui qui s'abandonne à Dieu.

« Ne pas s'inquiéter si le monde s'écroule et garder le calme de son âme. »[6]

Dans sa cellule, José Antonio lit, écrit et prie. Ses lectures ne sont plus orientées comme autrefois vers l'histoire et la politique, mais vers les problèmes moraux et religieux.

C'est ainsi qu'il lit plusieurs fois l'ouvrage du docteur Alexis Carrel : *L'Homme, cet Inconnu*. Chaque jour, il médite sur une page de la Bible que lui a fait remettre son amie Carmen Werner. Il compose également des poèmes et des essais dont nous ne savons même pas les titres.

La chaleur, l'absence d'exercice le dépriment physiquement. Il étouffe dans sa cellule sans air, dans la cour étroite bordée de

---

[5] Le reportage parut dans le *News Chronicle* du 24 octobre.
[6] Saint Jean de la Croix.

hauts murs. Et la mer n'est pas loin ! Oh ! qu'il ferait bon plonger dans l'eau fraîche, s'allonger sur le sable, face au ciel bleu qui, là-bas, n'est pas souillé par le trait brutal d'une muraille grise.

Les récréations ne sont pas une détente ; les autres prisonniers lancent des regards hostiles au chef de la Phalange et, parfois, vont jusqu'à l'insulter. Il y répond par un sourire triste et désabusé. Ah ! il rencontrera donc toujours l'incompréhension et la haine ? C'est pourtant grâce à son intervention que l'ordinaire s'est amélioré et qu'un système de douches a été établi. Le saint qui a tant souffert dans sa prison de Tolède s'est-il donc trompé quand il a écrit :

— Là où il n'y a pas l'amour, mets l'amour et tu tireras l'amour.

Comme saint Jean de la Croix, il lui faut aller toujours plus avant dans la souffrance.

Nous possédons deux photos de José Antonio en prison. Sur l'une, prise à la Modelo, il est debout dans la cour, mains au dos, en combinaison de travail à fermeture éclair ; aux pieds, il porte des chaussures de football. Il y a une certaine désinvolture élégante dans le maintien ; le visage est reposé avec un léger sourire sur les lèvres.

L'autre a été faite par les jeunes femmes de Valence. Lui et Miguel, comme des bêtes sauvages, se tiennent derrière un fin treillis métallique renforcé par de doubles barreaux, à l'intérieur et à l'extérieur. Les mains étreignent les puissantes barres de fer. Le visage de José Antonio, dans l'ombre, est bouffi et tourmenté. Le regard fixé en haut à une expression d'infinie tristesse. La volonté qui agit sur le moral n'a pas toujours autant de prise sur le physique.

Cependant, la bataille se rapproche d'Alicante. On peut craindre le massacre des prisonniers qui s'est produit dans d'autres villes. Aussi de suprêmes efforts sont-ils tentés pour délivrer les deux frères. Certains projets sont absurdes comme celui d'envoyer un célèbre boxeur basque défoncer les portes de la prison. Des navires étrangers croisent dans la rade. De l'un deux débarque Aznar, le chef des milices, le fiancé de Lola qui, par miracle, a pu échapper à l'arrestation. Le généralissime qui, en vain, a essayé un échange de prisonniers, lui a remis une forte somme pour corrompre les gardiens. Malheureusement, Aznar a été aperçu ; on le guette et il doit se rembarquer pour échapper à une mort certaine qui ne délivrerait pas les prisonniers.

Des amis fidèles, comme Eugenio Montes, la princesse Bibesco, des adversaires politiques comme Maura, le comte de Romanones, tentent de faire intervenir des gouvernements étrangers. Effectivement, le ministre des Affaires étrangères du cabinet Blum, Yvon Delbos, envoie une note au gouvernement espagnol pour demander la grâce de José Antonio. Elle arrivera trop tard.

Enfin, un assaut désespéré de la prison est tenté par les jeunes gens d'Alicante et d'Elche, pour sauver le Chef. Courageuse folie qui aboutit à un massacre horrible dans une palmeraie voisine.

José Antonio ignore tout des tentatives faites pour l'arracher à la mort. Par l'intuition que donne la souffrance aiguisée dans la solitude, il sent, il sait que le dénouement est proche. À certains moments, l'angoisse l'emporte sur le courage et la foi. La nuit surtout, il a des réveils brusques. Une soudaine peur l'étreint. Il croit entendre des bruits de pas dans la galerie, un grincement imperceptible dans la serrure. Délivrance ou assassinat ?

Alors, il saisit son chapelet et l'hallucination s'évanouit. Une fois, pourtant, au petit matin, il est réveillé par un murmure de voix dans une cellule voisine. Puis, il entend des cris, des appels au secours. Un silence... À nouveau un murmure et des pas qui s'éloignent dans le couloir. L'homme vaincu a accepté la mort.

José Antonio pense avec amertume :

— Pour moi, il arrivera une heure semblable dans quelques jours.

Et des vers de Rilke lui reviennent à la mémoire :

« Seigneur, je ne te demande pas une vie heureuse, mais donne-moi la grâce d'une mort digne. »

## Chapitre VIII

## *SINE SANGUINE NON FIT REMISSIO*

> *C'est l'affaire d'un moment et cela en vaut la peine.*

Le front de combat atteignait presque la côte du Levant et le gouvernement avait hâte de se débarrasser du prisonnier.

Le procès commença le 13 novembre pour se terminer le 18 en fin de matinée. En même temps que José Antonio étaient inculpés son frère Miguel, sa belle-sœur Margot accusée d'avoir apporté des revolvers aux captifs, et des gendarmes prétendument complices.

Comme aux autres procès, le jeune avocat fut son propre défenseur et celui des siens. Bien entendu, tout se passa dans la prison. La salle du premier étage où se déroulèrent les séances était en longueur et basse de plafond ; les juges prirent place sur une estrade et José Antonio se tint à leur gauche devant une petite table où il pouvait disposer ses papiers. Toujours soucieux de sa tenue, il avait demandé une toge qu'on lui refusa. Il revêtit alors un complet de flanelle grise plus décent que la combinaison bleue, son costume habituel depuis des mois.

Il parla à deux fins et non pour se justifier lui-même ; d'une part, il voulait sauver son frère et sa belle-sœur, d'autre part, exposer une dernière fois le programme et le but de la Phalange. Nous ne possédons pas le texte de sa plaidoirie, mais par les témoignages de Miguel et de Margot, par les citations de journaux locaux, nous pouvons la reconstituer en partie.

Nous savons qu'il se défendit, avec plus d'insistance que jamais, contre l'accusation qu'il considérait comme la plus injurieuse, celle de *señorito*.

Quel avantage aurait-il eu à renverser un ordre de choses qui lui assurait la tranquillité et la jouissance de ses biens pendant le reste de ses jours ?

Ah ! si ceux qui se disent ses ennemis consentaient seulement à l'écouter de bonne foi.

— Ils verraient, s'écria-t-il, qu'un abîme idéologique ne nous sépare pas ; si nous, hommes, nous nous étions mieux connus les uns les autres, nous aurions compris que ces abîmes que nous pensions voir n'étaient que de petites vallées.

Il tenta également d'expliquer certaines attitudes qui lui étaient reprochées : ses voyages à Berlin et à Rome ? Il avait fait aussi des séjours à Paris et à Londres. Ses rapports avec les généraux Sanjurjo et Mola ? Tous deux étaient de vieux amis de son père et, tout enfant, il avait sauté sur leurs genoux.

Quant au complot dans la prison, invention absurde ; ce n'était pas un revolver que sa belle-sœur avait introduit en élargissant un trou dans le treillis métallique, mais une bouteille de vin pour fêter l'anniversaire de la naissance de son mari.

Enfin, il répéta une fois de plus que la Phalange n'était pas une organisation fasciste et que, jamais, ses garçons n'avaient usé de leurs armes les premiers.

Il parla plusieurs heures sans donner le moindre signe de fatigue. Sa voix nette et bien timbrée avait agi comme un calmant sur l'assistance.

En effet, son entrée avait été accueillie par des huées et des remous violents s'étaient produits dans la salle où dominait un public hostile. Certains même s'étaient avancés, poings menaçants, pour le frapper. Puis, le calme s'était fait et pendant qu'il parlait le silence était tel qu'on eût entendu une mouche voler.

Une longue, très longue délibération suivit ; les gens redevinrent nerveux. Margot, les yeux pleins de larmes, regardait fixement son mari impassible. José Antonio avec la plus grande tranquillité, remettait en ordre les feuilles de son dossier.

Les juges rentrèrent dans la salle et le procureur commença la lecture du verdict. Laissons parler le journal *El Dia* d'Alicante :

« Primo de Rivera entend le rapport comme s'il entendait pleuvoir. On ne dirait pas que tout cela le concerne. Il lit, il écrit, il range ses papiers sans la moindre affectation, ni nervosité. »

La sentence est la suivante :

— Les gendarmes sont acquittés. Miguel Primo de Rivera est condamné à trente ans de réclusion. Margarita Larios, à six ans et un jour de prison. José Antonio Primo de Rivera, à la peine de mort pour avoir préparé le soulèvement militaire. Tous sont condamnés à payer quinze millions de pesetas d'amende en plus des frais du procès.

À ce moment, José Antonio lève la tête et c'est un visage presque joyeux qu'il tourne vers son beau-frère et sa belle-sœur, en leur disant :

— Vous êtes sauvés.

Comme la jeune femme sanglote dans son mouchoir, il s'excuse près d'elle :

— Margot, notre nom a été pour vous, non une occasion de bonheur, mais une cause de douleur.

Quelques amis l'entourent avec des figures désolées : il leur déclare avec une gravité sans tristesse :

— La vie pour moi est belle et bonne ; mais, pour racheter l'Espagne le prix est bon marché. Elle vaut beaucoup plus que ce que je donne en échange.

Et comme l'un deux objecte l'avenir de la Phalange, il répond :

— Ma mort sera pour elle une douleur, non un dommage irréparable.

Puis, pour les consoler, il explique, comme un avocat à ses clients, que la sentence n'est pas définitive et que la loi lui permet de faire appel. Mais une nouvelle et interminable délibération des juges rejette le pourvoi. Inlassable, il déclare alors que l'article 238 du code autorise le recours en grâce : la peine de mort peut être commuée en celle de détention perpétuelle ; la sentence doit être communiquée au chef du gouvernement, Largo Caballero, qui a le droit de grâce.

La séance est close, les prisonniers quittent la salle pour regagner leurs cellules. La foule, si violemment hostile à leur arrivée, s'écarte en silence pour les laisser passer.

La plaidoirie de José Antonio avait été tellement convaincante que les juges eux-mêmes avaient hésité devant la condamnation à mort. Une dernière fois, le magnétisme du Chef opérait sur ses ennemis.

Il s'en fallut de peu qu'il fût sauvé, ce qui explique la longueur de la délibération. Mais l'ordre de Moscou était formel ; la peur fit tomber les dernières hésitations et la peine de mort fut décidée presque à regret.

Ce même jour, après-midi du 18, le condamné est mis au secret dans sa cellule. Défense lui est faite de communiquer avec qui que ce soit, même avec son frère. Il restera ainsi muré un peu plus de 48 heures, du mercredi après-midi au vendredi matin. Ces heures, les dernières de sa vie, il les entend sonner comme un glas à l'horloge de la Casa Consistoriale, voisine de la prison. Malgré tout son courage et toute sa foi, il ne peut empêcher son cerveau de penser, ni son cœur de battre.

Il a d'abord un mouvement de révolte contre le destin qui le condamne à mourir, à 33 ans, quand tout l'élan de sa nature le porte vers la vie et l'action. Mais la soumission du chrétien à la Volonté divine l'emporte sur le désespoir de l'homme jeune qui ne veut pas mourir.

Encore s'il était seul à livrer son existence ! Il pense avec angoisse à ceux qu'il aime et qu'il va peut-être entraîner dans son sillage sanglant. Miguel est-il vraiment sauvé alors qu'on peut toujours craindre un massacre de prisonniers ? Que devient la chère Pilar, maintenant à Séville et qui, à la tête de la Section féminine de la Phalange, s'efforce de panser les blessures, de soulager les misères ? N'est-elle pas menacée, insultée journellement par cette furie qu'est « *la Pasionaria* » ? Et Fernando, dont on n'a aucune nouvelle ?

Par un étrange pressentiment, José Antonio croit entendre, à plusieurs reprises, la voix aimée qui l'appelle. Fernando !... Oh ! Fernando, petit frère trop ardent qui a voulu me suivre dans la voie dangereuse, oubliant tes devoirs de mari et de père.

Et les autres ? Ses meilleurs amis, ses chers garçons qui vont verser leur sang, car il prévoit que la guerre sera longue et acharnée. Est-il donc responsable de tant d'hécatombes ?

Une fois encore le chrétien a le dernier mot. Pourquoi avoir peur de la mort qui n'est pas une fin, mais un commencement ?

Il se souvient d'un vers de Lope de Vega dans *Le Chevalier d'Olmedo* :

*C'est seulement par la mort qu'on arrive à la vie.*

Il a foi dans la valeur des sacrifices dont le prix est la rédemption de l'Espagne et peut-être le salut individuel de tant d'âmes généreuses.

*Sine sanguine non fit remissio.*[1]

— Espagne... Espagne... répète-t-il tout bas, comme on redit, avant de mourir, le nom de l'être le plus aimé.

Cependant, il ne veut pas perdre en réflexions inutiles le répit de quelques heures qui lui est accordé. Il doit, avant le grand départ, mettre en ordre sa conscience, son esprit, son cœur.

En attendant le prêtre qu'il a demandé, il rédige son testament. Les dernières paroles d'un homme sont toujours le reflet de sa vie, l'écho de son âme. Un des biographes de José Antonio regrette que dans ces pages le chrétien domine l'homme qui semble se détourner de l'œuvre pour laquelle il donne sa vie. Mais comme il paraît plus grand dans l'humilité et le détachement des derniers jours !

Il avoue même avoir hésité à écrire un testament.

---

[1] Hébr. IX, 22. (NDÉ)

« N'est-ce pas vanité et excès d'attachement aux choses de la terre que de vouloir rendre compte de ses actes devant la postérité ?... et gagner, par une crânerie de pacotille, la réputation posthume de héros ? »

Mais il pense à ceux qu'il a entraînés et qui sont « bien supérieurs » à lui. Les quitter sans une explication « serait une ingratitude et un manque de considération ».

Cependant, il ne cherche pas à se justifier ; sa plaidoirie suffit à rappeler ce qu'est la Phalange. Il avoue seulement sa souffrance :

« Que je sois pardonné pour la part de responsabilité que j'ai dans le sang versé et que les camarades qui m'ont précédé dans la voie du sacrifice m'accueillent comme le dernier d'entre eux. »

D'abord humilité et détachement, ensuite, souci de la vérité et de la justice. Il va jusqu'à s'excuser près de ses ennemis du soupçon non fondé qu'on l'a envoyé à Alicante pour le tenir isolé et dans l'ignorance des événements. Il tient également à rectifier un propos inexact qu'on lui a fait tenir sur l'armée d'Afrique.

Puis, à nouveau, il s'élève au-dessus des contingences terrestres.

« Quant à ma mort prochaine, je l'attends sans jactance — ce n'est jamais gai de mourir à mon âge —, mais sans protestation. Que le Seigneur l'accepte en tant que sacrifice pour compenser ce qu'il y a eu d'égoïste et de vain dans une grande partie de ma vie. Je pardonne de tout mon cœur à tous ceux qui ont pu me faire tort ou m'offenser — sans aucune exception — et je prie tous ceux à qui je dois la réparation de quelque dommage, grand ou petit, de me pardonner. »

Suivent des dispositions testamentaires où se retrouvent la netteté et la précision de l'avocat. L'exécution en est confiée à ses deux amis, Raimundo Fernández-Cuesta et Ramón Serrano Suñer[2].

---

[2] Serrano Suñer ne faisait pas partie de la Phalange du vivant de José Antonio.

Avant tout, il songe à l'avenir matériel des siens et en particulier de la chère tia Má dont « il ne pourra jamais assez payer par des trésors de reconnaissance les vingt-sept ans d'abnégation maternelle ».

Enfin, il demande que soient détruits tous ses papiers personnels et ses travaux purement littéraires et qu'on supprime de ses autres ouvrages ce qui pourrait porter ombrage à l'Église.

Le testament achevé, José Antonio réclame un notaire pour l'enregistrer, ce qui lui est refusé. Alors il prie qu'on lui donne du fil et il coud ensemble les feuillets.[3]

Le prêtre vient également, ce soir-là ; c'est un religieux âgé, le père Ulcelles qui est détenu lui-même dans la prison et qui n'échappera pas au massacre des prisonniers, dix jours plus tard.

Au cours de la journée du 19, José Antonio écrit des lettres ; malheureusement, nous ne les possédons pas toutes, soit que leurs possesseurs les aient jalousement gardées à l'abri de toute curiosité, soit qu'elles aient été perdues.

Toutes dénotent une grande tranquillité d'esprit ; l'écriture, fine et distinguée, est très nette ; le papier est celui de l'avocat avec son adresse à Madrid en haut de la page, mais elle a été barrée avec soin et remplacée par : prison provinciale d'Alicante.

Une des lettres les plus émouvantes est adressée à sa tante religieuse, sœur de son père, et qu'il aimait particulièrement.

« Je suis préparé à bien mourir si Dieu veut que je meure et à vivre mieux que je n'ai vécu jusque-là, s'il permet que je vive. »

Suit la petite pointe de malice habituelle. Il fait appel à « l'inépuisable charité » des autres religieuses et il espère que cette charité l'emportera « sur leur désir rétrospectif de ne pas avoir accueilli dans leur couvent une moniale appartenant à une famille aussi agitée ».

Les autres lettres sont empreintes de la même foi et de la même résignation. Elles frappent surtout par leur simplicité :

---

[3] Le testament remis au chef du gouvernement a été par la suite rendu à la famille. Voir le texte à l'appendice.

point de grands mots, ni de belles phrases, ni d'*Arriba España*.
Il ne se pose nullement en héros ; au contraire, il laisse voir sa
secrète espérance que Dieu aura pitié de lui et le sauvera. C'est
ainsi qu'il écrit à son ami Ruiz de Alda (il ne sait pas que celui-
ci vient de le précéder dans la mort) :

« Je crois que ma vie pourrait être encore utile et je prie Dieu
qu'il me la conserve. Mais s'il dispose autrement, je mourrai,
soutenu par l'exemple de ceux qui tombèrent, plus jeunes que
moi et plus humbles dans le silence... Que Dieu nous éclaire
tous et nous maintienne unis ! »

À ses clercs, ses « loyaux, infatigables, généreux et très intel-
ligents compagnons de travail », il demande pardon pour les
avoir entraînés dans les hasards de sa vie.

Il n'oublie pas, dans sa lettre à Lola, sa cousine et filleule, de
faire allusion « à certain magnifique garçon » qu'il considère
déjà comme de la famille. Il s'agit du fiancé de la jeune fille.

On peut s'étonner que José Antonio n'ait point écrit à Pilar
et à Fernando. Mais à ceux-là, qui l'aimaient passionnément,
pouvait-il infliger la torture d'un ultime adieu et qu'était-il
besoin de redire un amour dont ils n'avaient jamais douté ?

Enfin, il dresse une liste des personnes à prévenir de sa mort
et, au dernier moment, il chargera Miguel de le faire. Il n'oublie
pas les vieux serviteurs de la famille dont quelques-uns l'ont
connu enfant.

Le soir du 19, le dernier désir du jeune homme — oh ! combien déchirant — est exaucé.

Il est neuf heures, tout est silencieux dans la prison. Dans
une petite pièce mal éclairée, trois femmes ont quitté leur propre
cellule et attendent le condamné. Il entre, encadré de miliciens
qui se placent au fond de la salle avec le Directeur, montre en
main, car l'entretien ne doit pas durer plus de vingt minutes.

José Antonio s'est raidi à l'avance contre l'émotion. Peut-
être est-il préférable que Pilar et Fernando, les « petits », ne
soient pas là. Leur sensibilité, trop pareille à la sienne, l'eût
remué davantage. Mais il ne peut s'empêcher d'éprouver un
choc au cœur en revoyant tía Má. Comme elle a changé, comme

elle a vieilli en trois mois et demi ! Carmen, très pâle, soutenue par Margot, éclate en sanglots quand son frère s'approche d'elle.

— Ne pleure pas, Carmen, dit-il en la serrant dans ses bras, il y a encore un espoir.

Un espoir en Largo Caballero !

— Ce n'est pas possible, José, qu'ils puissent faire cela, répète-t-elle en pleurant.

Lui, avec calme, redit ce qu'il a déjà déclaré quelque temps auparavant :

— Il est naturel que je meure. Il y en a tant de la Phalange qui sont tombés que moi, qui suis le chef, je dois tomber aussi.

Puis, comme pour adoucir la dureté de ces paroles, il ajoute :

— Il y a encore trois chances contre six.

Et, se tournant vers le Directeur, il réclame son appui dans le pieux mensonge. Celui-ci se contente de dire qu'il n'a pas reçu confirmation de la sentence.

Tout de suite le prisonnier s'informe des êtres chers restés dans la mêlée : Pilar ? Fernando ?

Pilar est à Séville, mais elles n'ont pas de nouvelles du jeune homme ; elles ne savent pas qu'il a été massacré, il y a déjà trois mois. De bonne foi, elles affirment :

— Nous avons toutes raisons de le croire à Séville.

— Oh ! alors il est sauvé, comme Miguel. Moi seul...

Il n'achève pas, par pitié pour elles. Une grande joie se lit sur son visage. Alors, s'adressant à sa mère adoptive dont la figure est baignée de larmes silencieuses :

— Ne t'inquiète pas, tia Má, je me suis confessé et je suis en paix. D'ailleurs, depuis le début du procès, je me suis préparé... si le moment arrivait. Tous les jours, je récite mon chapelet et je lis un passage des Évangiles.

Puis, changeant de ton, il déclare, presque gaiement, à celle qui, comme toutes les mères, a le souci du bien-être matériel de son enfant :

— Il n'y a rien de tel que d'être condamné pour être bien soigné. À la place de la ratatouille des autres jours ils m'ont donné de la soupe à l'ail, des œufs et de la viande excellente.

Et, gamin, il fait claquer sa langue. Mais, malgré ses efforts, il n'arrive pas à chasser de l'esprit des pauvres femmes l'horrible perspective. Carmen lui tend un crucifix, celui-là même que le pape Pie XI a donné à leur père, lors de son voyage à Rome.

— Il suffit, dit-elle, de le regarder au moment de la mort, pour obtenir une indulgence plénière.

Elle ajoute vite :

— Je te le donne à tout hasard.

Il le prend, l'élève pour le montrer aux miliciens leur disant :

— C'est simplement un crucifix qu'elle m'a donné.

Il embrasse la sainte image, avec ferveur :

— Oh ! je suis bien heureux parce que je n'en avais pas.

Les minutes passent. Les paroles sont coupées de longs silences pendant lesquels tia Má et Carmen regardent intensément José Antonio comme pour fixer en elles, à jamais, les traits chéris.

Le Directeur a tiré sa montre ; les vingt minutes réglementaires sont écoulées. D'ailleurs, à quoi bon prolonger le supplice ?

— Vous reviendrez une autre fois, dit le jeune homme, si la sentence n'est pas immédiate ; n'est-ce pas, Monsieur le Directeur ?

— Bien sûr, répond le fonctionnaire apitoyé.

José Antonio est extraordinairement calme. Il serre longuement les trois femmes dans ses bras en répétant :

— Les dernières cartes ne sont pas jouées. Que le Seigneur ait pitié de nous !

Il sort d'un pas ferme et, dans la galerie où le suivent trois regards angoissés, il a le courage de se retourner et de faire un geste d'adieu, dans un sourire.

C'est la dernière nuit. Tandis que, dans sa cellule, Miguel ne peut dormir, en proie, tour à tour, à la révolte, à l'accablement, à la haine et à l'amour, José Antonio sur sa mauvaise paillasse dort tranquillement, tel le voyageur qui a réglé tous les détails de la route, avant le grand départ.

Au petit matin, on l'éveille, il comprend.

— Il est déjà l'heure, dit-il, comme s'il trouvait naturel ce réveil hâtif.

Il fait sa toilette avec plus de soin que les autres jours. Comme le gardien le presse, il répond :

— Laissez-moi, au moins, mourir bien habillé.

Il attache sur sa poitrine à l'aide d'un ruban, sous ses vêtements, le crucifix donné par sa sœur. Le directeur est à la porte, qui attend. José Antonio s'approche et lui demande de bien vouloir faire laver le sol de la cour, après son exécution, afin que son frère ne voie pas les traces de son sang. Puis, il lui tend la main, en disant :

— Je vous prie de me pardonner si je vous ai contrarié en quelque chose.

Il descend avec lui les huit marches qui accèdent à la cour. Celle-ci, plus longue que large, est bordée, à gauche par les cellules, au fond, à droite, par les bâtiments de l'infirmerie, au reste par des murs assez hauts.

Le jour n'est pas encore levé. Un faible et sinistre lumignon perce à peine les ténèbres. Les soldats et l'officier qui les commande sont déjà là. José Antonio s'approche d'eux et leur dit, sur un ton bas et doux, exempt de reproche :

— Vraiment, vous voulez que je meure ? Qui vous a dit que j'étais votre adversaire ? Celui qui vous l'a dit n'a aucune raison de l'affirmer. Mon rêve était la patrie, le pain et la justice pour tous les Espagnols et particulièrement pour ceux qui sont sacrifiés. Quand on est sur le point de mourir, on ne peut pas mentir. Je vous répète avant qu'on me tue : je n'ai jamais été votre ennemi. Pourquoi voulez-vous que je meure ?

Les hommes l'écoutent en silence et se regardent les uns les autres comme pour résoudre une incertitude.

À nouveau, un moment pénible. Commisération ou raffinement de cruauté ? On a fait descendre Miguel pour un dernier adieu. C'est celui qui va mourir qui est le plus fort des deux. Sur un ton de doux reproche, José Antonio dit à son frère accablé :

— Miguel, Miguel, aide-moi à bien mourir.

Il le lui dit en anglais, à cause des hommes qui les observent. Ils s'embrassent longuement :

— Ne te désole pas, Miguel, ne te désole pas.

Prie pour nous, José, murmure Miguel, et il s'en va, sans forces, se jeter sur sa paillasse en étouffant ses sanglots et en se bouchant les oreilles pour ne pas entendre le bruit de la décharge qui tue son frère[4].

Le visage de José Antonio est pâle, un peu bouffi par le manque d'air, les veilles et l'angoisse. Il a vieilli et des rides paraissent sur son front, au coin des yeux et des lèvres. Sur la tête rasée, il y a comme des entailles dans le cuir chevelu. Mais, malgré le cerne sous les paupières, les yeux clairs brillent du même feu. Les lèvres minces, un peu serrées, esquissent un léger sourire, ce sourire qui, jadis, exprimait l'indifférence aux insultes de ses ennemis et qui, aujourd'hui, signifie le mépris de la mort.

Quatre jeunes gens se tiennent, dans un renfoncement du mur, devant le piquet de soldats. Ce sont deux phalangistes et deux requetés qui — on ne sait pourquoi — doivent être fusillés en même temps que le Chef. José Antonio va droit à eux, les embrasse avec émotion, en leur disant :

— Du courage, garçons, c'est l'affaire d'un moment et cela en vaut la peine.

Il se place à l'extrémité gauche du groupe, un peu en avant, car le mur forme là un saillant. Il enlève la veste grise jetée sur son jersey bleu et la tend à un des soldats comme s'il la lui donnait. Il croise les bras sur sa poitrine, à l'endroit où il sent le crucifix et il regarde le peloton bien en face.

L'officier n'a pas le temps de lancer un commandement ; la décharge part aussitôt et le corps, criblé de balles, s'abat en

---

[4] L'étroite fenêtre de la cellule de Miguel donnait précisément sur la cour, à quelques mètres du lieu de l'exécution. Les trois femmes, dans leur prison contiguë à celle des hommes, entendirent la détonation.
Ajoutons qu'elles restèrent incarcérées plusieurs mois et que Miguel n'échappa au massacre des prisonniers, quelques jours plus tard, que grâce à l'intervention du consul anglais d'Alicante.

avant. Les soldats doivent recharger leurs fusils pour tuer les quatre jeunes gens qui attendent leur tour.[5]

Il est sept heures moins vingt. À l'horizon, une lueur incertaine se reflète sur la mer. C'est l'aube qui commence à poindre.

---

[5] Il existe plusieurs versions de l'exécution de José Antonio. On lui a fait dire des paroles qu'il n'a sans doute pas prononcées. En tendant sa veste à un soldat, il lui aurait dit : « Prends-la, il serait dommage qu'elle soit percée par les balles. »
De même, en se plaçant devant le peloton, il aurait recommandé aux miliciens : « Visez bien, car vous pourriez manquer de munitions. »
Encore moins faut-il ajouter foi à une attitude qu'on lui prête au dernier moment : étreignant le crucifix de la main gauche, levant en haut le bras droit, il aurait crié un *Arriba Es...* que la mortelle décharge aurait arrêté sur ses lèvres. Tout cela est peu conforme à l'horreur de la mise en scène que José Antonio avait toujours manifestée. D'ailleurs, le détail du crucifix attaché sous ses vêtements et tombant au moment où son corps a été descendu de la voiture, est absolument véridique, attesté par le gardien même du cimetière.
Ce crucifix rendu à la famille est gardé, par Carmen, comme la plus précieuse des reliques.
Quant aux détails précédant l'exécution et même remontant à plusieurs jours en arrière, ils viennent de la famille et de récits de journaux alicantins. Carmen a écrit elle-même tout ce qui concerne la dernière entrevue. Quant aux paroles dites par José Antonio aux soldats, l'ont-elles été immédiatement avant l'exécution ou la veille au soir ? Peu importe. L'essentiel est qu'elles ont été effectivement prononcées.

## Chapitre IX

# C'EST SEULEMENT PAR LA MORT QU'ON ARRIVE À LA VIE

Après les coups de grâce, les cinq corps furent immédiatement placés sur une voiture de la Croix-Rouge, celui de José Antonio par-dessus les autres. Escortée de miliciens, l'auto se dirigea vers le cimetière municipal, distant de la prison d'environ deux kilomètres.

Au moment où on enlevait le corps encore chaud du jeune homme, le crucifix attaché sous ses vêtements par un ruban rouge, sans doute coupé par les balles, tomba par terre. Un milicien le ramassa et voulut le mettre dans sa poche. Le concierge du cimetière lui fit observer qu'il n'en avait pas le droit et le replaça sur le cadavre.

Une grande fosse fut creusée à deux mètres et demi de profondeur ; le corps de José Antonio y fut mis le premier et, sur lui, ceux des quatre jeunes gens.[1]

Après la mort du Chef s'établit une extraordinaire complicité du silence. Pourtant, le 20 novembre, plusieurs radios rouges avaient émis la nouvelle que « dans la matinée de ce jour, la sentence prononcée contre José Antonio Primo de Rivera avait été exécutée ».

---

[1] La fosse a été conservée ; on peut en voir la profondeur à travers les vitres qui la recouvrent.
Le cimetière, où l'on enterre encore, est, en toute saison, un beau jardin bien entretenu et avec toutes sortes de fleurs très odorantes.

Bravo affirme l'avoir entendue à Burgos où il se trouvait alors. De là s'était établi, à travers la France, un double réseau d'informations, mais celles-ci n'étaient pas toujours exactes. De plus, dans le chaos sanglant où l'Espagne était plongée depuis quatre mois, les nouvelles se propageaient difficilement. C'est ainsi que, si Pilar savait la mort de son frère Fernando, tia Má et Carmen l'ignoraient.

L'imagination et le cœur des peuples ne peuvent admettre la mort du héros. Comme il s'est produit pour d'autres personnages connus, une légende se forma et s'amplifia autour du Chef. Les bruits les plus invraisemblables circulèrent :

Le cadavre emporté au cimetière n'était pas celui de José Antonio, il y avait eu substitution... Peu après l'exécution, Carmen, dans sa prison, avait été mystérieusement prévenue que son frère n'était pas mort... Des navires étrangers se trouvaient dans la baie d'Alicante, José Antonio se serait enfui à bord d'un croiseur anglais... Des amis avaient reçu de lui des lettres datées postérieurement au 20 novembre... Et comment expliquer qu'une famille si pieuse ne fasse dire aucune messe pour le défunt ?...

Ces mensonges, plus spontanés que voulus, furent accueillis avec enthousiasme par la crédulité populaire. José Antonio n'est pas mort. Il est l'*Absent*. Prisonnier ou caché, il est toujours près de ses chers garçons « *par l'ardeur de son âme et son activité inlassable* », comme il l'avait écrit lui-même. C'est sa présence invisible, mais *sentie*, qui les soutient dans les plus durs combats, qui les aide à supporter toutes les misères du soldat : la fatigue, la faim, la soif, les intempéries. Au jour béni de la libération, il reprendra sa place au milieu d'eux. Ils reverront le clair regard, le sourire grave ; ils entendront la voix nette et chaude crier, dans la joie de la victoire : *Arriba España* ! Les mots qu'on entend le plus souvent, parmi les troupes, sont ceux-ci : « Quand reviendra José Antonio... » et toutes sortes de projets s'échafaudent sur ce retour dont on est certain.

Deux ans s'écoulent dans cette attente. Ce bienheureux silence ne fut rompu que le 18 novembre 1938, date à laquelle

le généralissime Franco fit connaître officiellement le décès du chef de la Phalange, survenu le 20 novembre 1936. Il ajoutait :
— Sa mort, secrètement offerte à Dieu pour la patrie, en fait un héros national, symbole du sacrifice de la jeunesse de notre temps.

Les cloches de l'Espagne libérée sonnèrent le glas de l'espérance humaine. Dans une église du front de Madrid où l'on se battait encore, fut célébré le premier service à la mémoire du Chef. Les phalangistes, les soldats, les paysans qui étaient là semblaient accablés par la certitude d'une mort dont ils avaient repoussé l'idée pendant deux ans. Et avec lui, tant des meilleurs étaient tombés : son propre sang versé avec celui de son frère Fernando, de son oncle Gregorio et de cinq de ses cousins germains. Ses plus chers amis fusillés ou massacrés : le grand aviateur Ruiz de Alda, le chevalier castillan Onésimo Redondo, l'irascible et généreux Ledesma Ramos et tant d'autres ! Le quartier général de la Phalange était maintenant au ciel.

La guerre civile se termina le 1$^{er}$ avril 1939. Dès le lendemain, en présence de Miguel la fosse du cimetière d'Alicante fut ouverte. Le corps de José Antonio fut retiré du monceau de cadavres posés dessus. Il était presque intact. Sur le jersey de laine, on retrouva le crucifix, les médailles et le scapulaire de Notre-Dame de la Merci qu'il portait sur lui depuis le début de sa captivité. Enveloppé dans le drapeau, le cadavre fut placé dans un caveau provisoire où il resta jusqu'au 20 novembre. À cette date, il fut de nouveau identifié ; cette fois les traits étaient altérés bien que reconnaissables.

Alors, ce fut le lent acheminement vers la sépulture définitive, au monastère de l'Escurial. Dernier voyage à travers l'Espagne. Tant de fois, il l'avait parcourue au volant de sa rapide voiture. « Plus on connaît, plus on aime. » Cette connaissance de sa terre l'avait conduit à un plus grand amour.

Cette fois, le trajet d'Alicante à l'Escurial se fait à pied, sous le ciel bas de novembre qui s'éclaire par moments d'un fugitif rayon de soleil. À chaque étape du long voyage de plus de 400 kilomètres, des garçons en chemise bleue se relaient, sans répit, jour et nuit, pour porter le cercueil enveloppé du drapeau rouge et noir : noir comme le deuil, rouge comme le sang rédempteur.

Le cortège passe lentement à travers les villages et les villes. L'allégresse des notes joyeuses de *Cara al Sol* succède à la gravité des hymnes liturgiques. La musique militaire alterne avec le son des cloches. De chaque côté de la route, la foule s'incline et prie. Les mères soulèvent leur enfant dans les bras et lui disent : « C'est José Antonio » afin qu'il se souvienne, plus tard. Et celles dont le fils a disparu dans l'horrible mêlée croient le voir avec le Chef, sous les plis du drapeau.

Trois ans et demi auparavant, par une nuit tiède de juin, José Antonio avait parcouru ce chemin en sens inverse : il se doutait que ce serait son dernier voyage et ses yeux avides s'étaient posés sur ces mêmes paysages : palmeraies du Levant frémissant au souffle de la brise marine, oliviers d'argent agrippés aux collines pierreuses, plants de vigne dans la terre rougeâtre, steppes de la Manche où plane toujours l'ombre du grand cavalier héroïque et fou, vergers d'Aranjuez dans la fraîcheur des eaux.

Enfin, Madrid ! La foule se fait plus dense dans les faubourgs populeux du sud, dans les larges avenues aux arbres dépouillés, autour de la Cibeles, sur la Gran Via qui porte maintenant son nom, dans les ruines encore fumantes de la cité universitaire. Au terme, l'Escurial dans son cadre de montagnes qu'une première neige a poudré de blanc.

La basilique s'emplit peu à peu. Les chemises bleues se mêlent aux uniformes kaki, les jeunes guerriers aux vieux légionnaires d'Afrique. Les ambassadeurs étrangers sont là et parmi eux le vainqueur de Verdun, le grand soldat qui représente la France et qui, lui, n'a pas encore gravi son calvaire.

À toutes les chapelles, depuis le matin, des messes ont été célébrées, selon le vœu de Philippe II, pour l'Espagne d'hier et pour celle d'aujourd'hui.

Le généralissime Franco, avec une sobriété toute militaire, prononce quelques mots devant la tombe où l'on vient de descendre le cercueil. Il les termine par les paroles mêmes de José Antonio :

« *Que Dieu te donne l'éternel repos et nous le refuse, à nous, jusqu'à ce que nous ayons su gagner, pour l'Espagne, la moisson que sème ta mort.* »[2]

---

[2] Ces paroles ont été dites, pour la première fois, le 10 février 1934, à l'enterrement de Matías Montero. José Antonio les prononça, par la suite, à chaque enterrement des tués de la Phalange.

## Appendice I

# TESTAMENT

Testament que José Antonio Primo de Rivera et Sáenz de Heredia, âgé de trente-trois ans, célibataire, avocat, né à Madrid et demeurant en cette ville, fils de Miguel et de Casilda (qu'ils reposent en paix !), rédigea et passa devant notaire, dans la prison provinciale d'Alicante, le dix-huit novembre mil neuf cent trente-six.

Condamné à mort hier, je demande à Dieu que, s'il ne m'évite pas d'arriver à ce moment critique, Il me conserve jusqu'à la fin la résignation digne sur laquelle je compte. Qu'Il juge mon âme, non à la balance de mes mérites, mais à celle de son infinie miséricorde !

Un scrupule me saisit : n'est-ce pas vanité et excès d'attachement aux choses de la terre que de vouloir, en cette circonstance, rendre compte de quelques-uns de mes actes ?

Mais comme, d'autre part, j'ai entraîné la foi de beaucoup de mes camarades dont la valeur est bien supérieure à la mienne (que je connais trop bien pour ne pas écrire ceci avec la plus humble et la plus entière sincérité), comme, de ce fait, j'ai conduit un nombre considérable d'entre eux à courir des dangers et des responsabilités très lourdes, il me semble que ce serait une ingratitude et un manque de considération que de m'éloigner d'eux sans aucune forme d'explication.

Il n'est pas nécessaire que je répète aujourd'hui ce que j'ai dit et écrit, tant de fois, sur les intentions des fondateurs de la Phalange espagnole. Je m'étonne que, après trois ans, l'immense majorité de nos compatriotes persiste à nous juger sans avoir commencé, en aucune manière, à nous comprendre et sans avoir cherché ou accepté la moindre information. Si la Phalange se consolide de façon durable, j'espère que tous éprouveront de la douleur en pensant à tout le sang versé parce qu'une brèche de sereine attention n'a pas été ouverte entre la haine, d'un côté, et l'antipathie, de l'autre.

Qu'on me pardonne ma part de responsabilité dans le sang versé et que les camarades qui m'ont précédé dans la voie du sacrifice m'accueillent comme le dernier d'entre eux !

Hier, pour la dernière fois, j'ai expliqué au tribunal qui me jugeait ce qu'est la Phalange. Comme en tant d'occasions, j'ai répété et retourné les vieux textes de notre doctrine familière. Une fois de plus, j'ai observé que de nombreux visages, hostiles au début, montraient d'abord de la surprise, ensuite de la sympathie. Sur les traits, il me semblait lire : « Si nous avions su cela, nous ne serions pas ici. » Et certainement, nous n'aurions pas été, moi, devant un tribunal populaire, les autres se tuant sur les champs de bataille d'Espagne. Mais il était trop tard et je ne pouvais que reconnaître la vaillance et la loyauté de mes chers camarades et leur gagner l'attention respectueuse de leurs ennemis. C'est à cela que j'ai visé et non à me faire donner, par une crânerie de pacotille, la réputation posthume de héros. Je ne me suis pas rendu responsable de tout ; je n'ai pas, non plus, cherché à imiter un modèle de type romantique. Je me suis défendu en utilisant les meilleures ressources de ma profession d'avocat si profondément aimée et entretenue avec tant de soin. Peut-être ne manquera-t-il pas de commentateurs posthumes pour me reprocher de n'avoir pas préféré la fanfaronnade ? Là, chacun est ce qu'il est. Quant à moi, en dehors du fait que je n'ai pas le premier rôle dans les événements, il eût été monstrueux et faux de livrer sans défense une vie qui pouvait être encore utile et que

Dieu ne me donna pas pour la brûler en holocauste à la vanité, comme un château de feu d'artifice.

Par contre, je me suis abstenu de tout subterfuge déloyal et ma défense n'a compromis aucune personne. Au contraire, j'ai aidé à celle de ma belle-sœur Margot et de mon frère Miguel, jugés avec moi et menacés de très graves peines.

Mais, comme le devoir de la défense me conseilla non seulement certains silences, mais certaines accusations fondées sur le soupçon qu'on m'avait isolé à dessein dans une région maintenue soumise à cet effet, je déclare que ce soupçon est sans preuve. Le besoin d'explication, exaspéré par la solitude, a pu le nourrir de bonne foi dans mon esprit, mais aujourd'hui, devant la mort, il ne peut ni ne doit être retenu.

Il me reste à rectifier un autre fait très différent. L'isolement complet où je vis depuis presque le début des événements a été seulement rompu par un journaliste nord-américain qui, avec la permission des autorités locales, me demanda quelques déclarations, dans les premiers jours d'octobre. Je n'ai eu connaissance des propos qu'on m'imputait qu'il y a cinq ou six jours, lors de l'instruction ouverte contre moi, puisqu'auparavant, ni les journaux qui les publièrent, ni aucun autre ne m'étaient accessibles. En les lisant aujourd'hui, je déclare que, parmi les différentes paroles qu'on m'attribue et qui ne sont pas toujours l'interprétation fidèle de ma pensée, il en est une que je repousse complètement : celle qui blâme mes camarades de la Phalange de coopérer au mouvement insurrectionnel avec « des mercenaires venus du dehors ». Je n'ai jamais tenu un pareil propos et je l'ai affirmé nettement devant le tribunal bien qu'une telle déclaration ne me favorisât pas. Je ne peux pas injurier des forces militaires qui ont rendu à l'Espagne, en Afrique, des services héroïques. Je ne peux pas non plus lancer d'ici des reproches à des camarades dont j'ignore si, actuellement, ils sont bien ou mal dirigés, mais qui essaient certainement, avec la meilleure foi, de suivre mes consignes et ma doctrine de toujours malgré l'absence de communication qui nous sépare. Dieu fasse que leur ardente droiture ne soit jamais utilisée pour d'autres fins que celle de la grande Espagne dont rêve la Phalange !

Plaise à Dieu que mon sang soit le dernier sang espagnol versé dans des discordes civiles ! Plaise à Dieu que le peuple espagnol, si riche en éminentes qualités, trouve, dans la Paix, la Patrie, le Pain et la Justice !

Je crois que je n'ai rien à dire de plus sur ma vie publique. Quant à ma mort prochaine, je l'attends sans jactance — il n'est jamais gai de mourir à mon âge — mais sans protestation.

Que Dieu, notre Seigneur, l'accepte en tant que sacrifice pour compenser ce qu'il y a eu d'égoïste et de vain dans une grande partie de ma vie.

Je pardonne de toute mon âme à tous ceux qui ont pu me faire du tort ou m'offenser, sans aucune exception, et je prie tous ceux auxquels je dois réparation d'un dommage, grand ou petit, de vouloir bien me pardonner.

Cela fait, j'en viens à exprimer ma dernière volonté dans les clauses suivantes :

1° Je désire être enterré suivant les rites de la religion catholique, apostolique et romaine que je professe, en terre bénite et sous la protection de la sainte Croix.

2° J'institue comme mes héritiers à parts égales mes quatre frères et sœurs, Miguel, Carmen, Pilar et Fernando Primo de Rivera et Sáenz de Heredia, avec le droit d'augmenter leur part de celle que laisserait l'un d'eux s'il me précédait dans la mort sans laisser de descendance. S'il en laissait, que la part qui serait échue à mon frère mort avant moi passe à celle-ci en parts égales. Cette clause est valable même si la mort de mon frère avait eu lieu avant que je dépose ce testament.

3° Je n'ordonne aucun legs, ni n'impose à mes héritiers aucune charge juridique exigible, mais je les prie :

a) de veiller, en utilisant tous mes biens, au bien-être de notre tante María Jesús Primo de Rivera et Orbaneja dont nous ne pourrons pas payer, même par des trésors de reconnaissance, l'abnégation maternelle et le caractère affectueux pendant les vingt-sept ans où elle s'occupa de nous.

## TESTAMENT

b) de donner en souvenir quelques-uns de mes biens et de mes objets usuels à mes compagnons de bureau, spécialement à Rafael Graceran, Andrés de la Cuerda et Manuel Sarrión qui, pendant des années et des années, furent si loyaux, si efficaces et si patients en ma compagnie fort peu commode. Je les remercie comme tous les autres et je leur demande de se souvenir de moi sans trop d'ennui.

c) de répartir aussi quelques objets personnels entre mes meilleurs amis qu'ils connaissent bien et plus particulièrement entre ceux qui, le plus longtemps et le plus près de moi, ont partagé avec moi les joies et les épreuves de notre Phalange espagnole. Eux et les autres camarades occupent en ce moment une place fraternelle dans mon cœur.

d) de donner une gratification aux plus anciens serviteurs de notre maison que je remercie de leur loyauté et auxquels je demande pardon pour les incommodités qu'ils me doivent.

4° Je nomme exécuteurs testamentaires chargés de répartir mon héritage, solidairement et pour une durée de trois ans et avec les attributions habituelles maxima, les chers amis de toute ma vie, Raimundo Fernández-Cuesta et Ramón Serrano Suñer que je prie spécialement :

a) de réviser tous mes papiers privés et de détruire tous ceux de caractère intime, ceux qui contiennent des travaux purement littéraires et ceux qui sont de simples ébauches et projets de périodes antérieures d'élaboration, comme toute œuvre interdite par l'Église ou de lecture pernicieuse qui pourrait se trouver dans mes écrits.

b) de réunir tous mes discours, prologues de livres, etc., non pour les publier — sauf s'ils le jugent indispensable — mais pour qu'ils servent de pièces justificatives quand on discutera de cette période de la politique espagnole où mes camarades et moi nous sommes intervenus.

c) de prévoir de se substituer d'urgence à moi à la direction des affaires personnelles qui m'ont été confiées, avec l'aide de Garcerán, Sarrión et Matilla et d'encaisser quelques honoraires qu'on me doit.

d) de faire parvenir le plus vite et le plus sûrement possible aux personnes et aux groupes auxquels j'ai fait du tort et dont je parle dans l'introduction de ce testament, les rectifications solennelles qu'il contient. Je les en remercie très sincèrement dès maintenant.

Je laisse rédigé en ces termes mon testament, à Alicante, ce dix-huit novembre mil neuf cent trente-six, à cinq heures de l'après-midi, sur trois feuilles en plus de celle-ci, toutes numérotées, datées et signées en marge.

## Appendice II

# SOURCES

LA DOCUMENTATION la plus sûre et la plus vivante est donnée par les récits oraux de la famille et des amis. Combien poignants sont les souvenirs de tia Má et de Pilar à qui je ne saurais trop exprimer ma reconnaissance pour avoir évoqué, devant moi, le fils et le frère et montré tant de photos intimes ! Combien émouvantes sont les confidences de ceux qui gardent au fond de leur cœur l'image fidèle de l'ami, du camarade, du chef tant aimé ! Mes remerciements vont plus particulièrement à l'éminent écrivain Agustín del Río Cisneros et à Lula de Lara qui ont bien voulu revoir mon manuscrit et m'en signaler les inexactitudes historiques ou psychologiques.

Les sources écrites sont, en premier lieu, les *Œuvres* de José Antonio, discours et articles, recueillis et classés avec beaucoup de méthode et de soin par le chef des éditions de la délégation nationale de la presse, Agustín del Río Cisneros. Les index qui suivent les œuvres présentées dans l'ordre chronologique sont extrêmement précieux (Madrid, 1952). La doctrine de la Phalange a été également exposée avec des textes de José Antonio, choisis par le même auteur, dans le livre intitulé : *Révolution Nationale*, paru en 1949.

La meilleure biographie de José Antonio est celle de Felipe Ximénez de Sandoval (2$^{de}$ édition, Madrid, 1949). Elle est très complète et très vivante. L'auteur est, à la fois, un phalangiste de la première heure, un ami fidèle et un écrivain de talent.

Il faut lire également le livre si émouvant de Francisco Bravo : *José Antonio — L'homme, le chef, le camarade*, 1939. Ce n'est pas une biographie suivie, mais un ensemble de souvenirs personnels dont beaucoup ont paru dans les journaux et revues antérieurs.

Citons aussi de nombreux articles publiés dans les années qui suivirent la mort de José Antonio, particulièrement les souvenirs de Nieves Sáenz de Heredia, de Lula de Lara, de Raimundo Fernández-Cuesta et d'autres phalangistes. Il ne faut pas oublier la belle conférence de Tomás Borrás faite en 1953, à l'Institut d'études madrilènes : *Le Madrid de José Antonio*.

Il y a une *Anthologie* des pensées de José Antonio par Gonzalo Torrente Ballester (3$^e$ édition, 1953). C'est le seul ouvrage qui ait été traduit en français.[1]

Il existe une autre biographie par Enrique Pavón Pereyra (Buenos Aires, 1947). Elle a une touche romantique assez fantaisiste, mais renferme de nombreux documents photographiques.

Enfin, reste le pèlerinage aux sources, dans tous les lieux où José Antonio a vécu ou passé, à Madrid d'abord, avec en main la brochure de Tomás Borrás qui nous guide à travers la capitale.

Il faut aussi parcourir les routes d'Espagne comme au volant de la Chevrolet et, surtout en Castille, se pénétrer de l'âme du paysage pour y retrouver celle de José Antonio.

L'avant-dernière étape — la dernière étant la basilique de l'Escurial — est la prison d'Alicante où un gardien en chemise bleue fait revivre intensément les derniers mois, les derniers jours, les dernières minutes du héros. Mais ici, les mots les plus vrais sont inutiles. L'étroite cellule, le pauvre mobilier, la triste cour au mur percé de balles parlent d'eux-mêmes.

---

[1] Noter, en français, le petit livre de Eduardo Aunós Pérez : *Calvo Sotelo*.

# POSTFACE

### Ils ont tué le poète et fusillé le chef

> « *Il y avait une Espagne ancienne qui ne voulait rien voir et ne voulait rien apprendre et à laquelle il fallut l'épreuve du martyre pour faire retrouver ses vertus.* »[1]

LE RÉCIT de Gilles Mauger sur la vie de José Antonio Primo de Rivera est indissociable d'une bonne connaissance et compréhension de ce « Chantre de la jeunesse » ainsi baptisé par Pierre Sidos lors d'une conférence sur la personne qu'il connaît bien.

Les auteurs sur José Antonio Primo de Rivera et la Phalange espagnole ne manquent pas. Mais le talent de Gilles Mauger, écrivain de plusieurs ouvrages dont deux sur la vie des grands saints que sont saint Louis et sainte Thérèse d'Avila, permet de découvrir la hauteur, la largeur et la profondeur d'âme de cette « *figure de proue préservée de toute compromission* »[2].

C'est dans ce merveilleux récit de l'intimité de José Antonio Primo de Rivera, que l'auteur nous fait apprécier le charisme de l'avocat, « *véritable gloire du barreau espagnol* » qui fit d'abord un plaidoyer presque froid, professionnel et qui ne sut « *maîtriser*

---

[1] Robert Brasillach
[2] *Idem*

*son émotion et les larmes qui lui vinrent aux yeux quand il parla de la mort de son père »*.

Larmes identiques à celles que l'on ne peut retenir en lisant le testament du chef de la Phalange mort courageusement face au peloton d'exécution, sans haine, l'âme pure et en offrant ses derniers instants à son pays.

Larmes que l'on souhaiterait voir naître, ne serait-ce qu'un instant, au coin de l'œil des insouciants ou des coupables à son époque et après.

Mais aussi larmes retenues pour celui qui souhaitait un paradis où l'on ne se repose pas, pour cette « *voix de cristal et de bronze* » dégageant « *du plus profond de son âme, de l'ardeur brûlante de sa foi, de son désir passionné de justice sociale, de son absolu désintéressement, de son esprit de sacrifice* »[3] et pratiquant l'enseignement de la loi de l'amour.

José Antonio Primo de Rivera, né le 24 avril 1903 à Madrid, est mort à l'âge de trente-trois ans, fusillé par les Rouges dans la prison d'Alicante le 20 novembre 1936. Comme tous ceux qui ne savent pas ce qu'ils font, ils ont tué le poète et assassiné le phalangiste ne réalisant pas que « *Ceux qui meurent après la trentaine ne sont pas des consolidateurs mais des fondateurs. Ils apportent au monde l'exemple étincelant de leur vitalité, leurs mystères, leurs conquêtes. Hâtivement ils montrent quelques routes à la lueur de leur jeunesse toujours présente. Ils éblouissent, ils interprètent, ils émerveillent* » avait rappelé ce poète et frère dans l'unité de destin qui fut le leur, auteur de la plus fabuleuse *Histoire de la guerre d'Espagne*[4].

La vie de José Antonio est indissociable de l'histoire de l'Espagne car elle est l'héritière incarnée du « Siècle d'or », bastion du catholicisme, terre de naissances de grands saints comme

---

[3] Gilles Mauger
[4] Robert Brasillach

saint François Xavier, saint Ignace de Loyola, sainte Thérèse d'Avila et saint Jean de la Croix, mais aussi puissance à la tête de territoires « *sur lesquels le soleil ne se couche jamais* ».

Et pourtant c'est le déclin de cet empire qui amènera de grands écrivains, poètes, intellectuels de la *Génération de 98*, à s'engager. Déçus de la perte de leurs colonies et révoltés devant le constat de la dégradation de leur pays et de l'impuissance de leurs gouvernements soi-disant de Restauration, ce mouvement complexe constituera un foyer de réflexions dans lequel le national syndicalisme puisera sa source. C'est dans une Espagne fondamentalement rurale avec plus de 50 % de la population espagnole qui vivait de l'agriculture que le concept créé par Ramiro Ledesma Ramos fut si bien exprimé à travers la Phalange de José Antonio.

Idée qui fit son chemin quand on sait que pas moins de sept cent trente écrivains, artistes, intellectuels en Europe et dans le monde prirent part à cet engagement qui allait réveiller les consciences politiques, attiser les convoitises et plonger l'Espagne dans une terrible guerre devenue croisade.

C'est du reste ce qui fit dire à certains, comme Hugh Slater, que ce conflit était devenu une véritable « guerre d'écrivains ». D'autres, comme Hugh Ford, parlaient même de « guerre de poètes ». Mais le combat intellectuel qui sévissait, et qui continue de sévir aujourd'hui, est bien celui engendré par le Maître Charles Maurras. Du reste Robert Brasillach l'avait écrit dans *Je suis partout* : « *Interrogeons Salazar, Degrelle* (qu'il avait rencontré en 1936) *ou Franco, et ils nous répondent en disant : La France, c'est Maurras. J'ai appris à lire dans Maurras... Partout où se forme un jeune mouvement national, que ce soit en Belgique, en Suisse, en Pologne, il se tourne d'abord vers le traditionalisme révolutionnaire de Maurras.* »

Plus que l'histoire de ce martyr et chef de la Phalange, l'auteur, Gilles Mauger, engendre l'inévitable question sur la possible coexistence de la poésie et du politique. C'est de cette unité de destin dans l'universel que naîtront des Maîtres à penser tels que Maurras, Brasillach et d'autres martyrs pour avoir vécu leur poésie et n'ignorant pas qu'« *En niant le monde moderne, le poète pourra engendrer des temps nouveaux, qu'il pourra hériter du Verbe divin, le transmettre et le redire* »[5].

Ainsi, lors de la réunion fondatrice le 29 octobre 1933, au théâtre de la Comédie à Madrid, la Phalange se présente comme « *un mouvement poétique, un style, une manière d'être (...) qui ressuscite les valeurs héroïques et aristocratiques, viriles et organiques, qui érige un nouvel ordre politique et social non pas comme une exacerbation nationaliste mais comme une unité sacrée universelle* ».

Le programme de la Phalange de José Antonio est une poésie qui promet, constructive, édifiante et créatrice. Une poésie dans laquelle il oppose philosophie et poésie à intellectualisme moderne, rationaliste, démocratique ; une poésie équivalente à la force enracinée au plus profond de la vie, en tant que réalité spirituelle qui concerne tous les domaines de la vie ; une poésie devenue « *norme radicale de la vie* » comme disait le poète espagnol Manuel Machado à propos de la poésie « joséantonienne » dont l'enjeu se trouvait bien dans le réveil de ce « *centre lumineux de la personne éteint par l'ignorance des humanismes laïcs et progressistes et par la tyrannie de l'obsession économique* »[6].

La suprématie du spirituel et l'amour de la poésie ont été les flèches directionnelles et le joug de la vie de celui qui rappelait à ses militants : « *Ayez l'esprit tendu et la décision prompte, pour que ne soit pas éloigné le jour glorieux pour tous où le soleil se lèvera dans un faisceau de flèches sur les terres d'Espagne.* » Parce que dans l'Écriture sainte, le soleil de justice c'est Dieu. C'est de cette justice qu'il s'agit lorsque le chef de la Phalange dit qu'elle « *sera porteuse d'une foi nouvelle, refera de l'Espagne une nation et instaurera la justice sociale. Elle lui donnera le pain et la Foi.* »

---

[5] Georges Gondinet
[6] Robert Brasillach

## POSTFACE

« *La révolution traditionnelle est moins un programme à appliquer qu'un poème à chanter* » a écrit Georges Gondinet. Ces paroles sont parfaites pour entendre l'hymne de la Phalange « *Cara al sol* » que José Antonio voulait comme un « *chant d'amour et de guerre, chant où le soleil est symbole de la vie, de la chaleur, du jour de la lumière, de tout ce qui rayonne* ».

Au-delà de ce récit de l'âme de José Antonio, le lecteur aura trouvé dans cette Espagne des années 1936 – 1939, avec les idées et les valeurs qu'elle a générées « *le lieu de toutes les audaces, de toutes les grandeurs, et de toutes les espérances* » car « *Ce qui est vrai et ce qui est grand demeure un exemple pour tous* »[7].

Hélène Grimaldi

---

[7] Robert Brasillach

# CHRONOLOGIE[1]

> « Nulle chose n'est compréhensible que par son histoire. »[2]

AVANT d'avoir été soutenue par les États-Unis pour devenir membre de l'Organisation des Nations Unies (ONU) en 1955, puis intégré l'Organisation du traité de l'Atlantique Nord (OTAN) en 1982 et l'Union européenne en 1986, l'Espagne fut avant tout un pays situé au sud-ouest de l'Europe, facile d'accès et en proie aux envahisseurs. C'est en effet sa situation géographique qui permit l'invasion musulmane et déclencha cette épopée qu'on appelle « la *Reconquista* chrétienne ». Cette reconquête dura de 711 à 1492 et donna de belles pages de gestes héroïques avec notamment la fameuse bataille de Las Navas de Tolosa (1212).

Cette période est à l'origine de l'existence de la péninsule ibérique qui, grâce au mariage d'Isabelle la Catholique avec Ferdinand d'Aragon (1469), est désormais notamment constituée de l'union de la Castille et de l'Aragon. Très unis, les deux souverains renforcent les succès de la Reconquête avec l'annexion de Grenade (1492), ce qui leur valut la qualification par le pape Alexandre VI de « Rois catholiques ».

---

[1] Établie par Hélène Grimaldi
[2] Pierre Teilhard de Chardin

En outre, en soutenant le projet de Christophe Colomb, les « Rois catholiques » favorisèrent le commerce triangulaire et constituèrent un empire colonial qui mena l'Espagne à son apogée nommé « le Siècle d'or » (1492 – 1648).

Les successions qui suivirent comptent parmi elles le règne de Charles Quint, prince le plus puissant d'Europe, à la tête (1516) de cet ensemble de territoires nommé « monarchie catholique ».

La mort de Charles II, en 1700, qui se trouve sans héritier, crée un problème de succession et donne lieu à une guerre qui dure de 1701 à 1713. En 1808, Charles IV est renversé par son propre fils Ferdinand VII. Il appelle au secours Napoléon mais plutôt que de favoriser le père ou le fils, Napoléon confie l'Espagne à son frère Joseph Bonaparte. Les Espagnols se révoltent ; les troupes françaises sont obligées de se retirer et Ferdinand VII revient sur le trône (en 1814). Il est trop autoritaire et face aux révoltes, il est obligé de proclamer une Constitution, celle de 1812. C'est une constitution libérale avec un pouvoir exécutif (roi et ministres) et un pouvoir législatif. La mort de Ferdinand VII entraîne à nouveau une crise dynastique qui entraînera les guerres carlistes de 1837 à 1876, guerres entre les partisans d'Isabelle II (sa fille) et les Carlistes qui sont pour Don Carlos. Isabelle aura un fils, Alphonse XII qui arrivera au pouvoir en 1874 qui lui-même aura un fils : Alphonse XIII.

Pour comprendre l'engagement de « José Antonio, chef et martyr », rejoignant en 1934 la réflexion intellectuelle et politique de Ramiro Ledesma Ramos, concepteur du national syndicalisme et associé aux prémices du phalangisme créé par José Antonio Primo de Rivera, il faut se référer aux dates qui ont préparé et fait l'Histoire de cette croisade qui perdure.

## CHRONOLOGIE

**Repères non exhaustifs mais choisis**

**1892 :** Naissance de Francisco Franco à El Ferrol.

**1893 :** Naissance de José Calvo Sotelo.

**1903 :** Naissance, le 24 avril, de José Antonio Primo de Rivera à Madrid.

**1919 :** Franco rencontre le lieutenant-colonel Millán-Astray qui envisage de créer une unité militaire d'élite sur le modèle de la Légion étrangère française.

**1920 :** Millán-Astray offre à Franco le commandement de la *Bandera*. Le gouvernement de Madrid crée le *Tercio* (Légion étrangère espagnole, dont les hommes sont également surnommés les « Fiancés de la mort »). Millán-Astray fait appel à Franco qui devient ainsi le plus jeune commandant d'Espagne.

**1923 :** Franco se marie avec Carmen Polo.

Alphonse XIII demande au général Primo de Rivera de diriger le pays.

**1925 :** José Calvo Sotelo est nommé ministre des Finances. Démission dans la même année.

**1930 :** Le général Primo de Rivera est poussé à démissionner. Il s'exile et meurt à Paris.

**1931 :** 12 avril 1931 : Élections municipales, victoire des Républicains.

José Calvo Sotelo est poussé à l'exil.

14 avril 1931 : Proclamation de la Seconde République espagnole. Président : Niceto Alcalá-Zamora. Chefs

de gouvernement : 1) Manuel Azaña, 2) Alejandro Lerroux. Réforme agraire modérée, installation de l'esprit laïc dans les institutions et dans la société, autonomie pour la Catalogne avec le rétablissement de la « Generalitat ».

Le Roi renonce à rester à la tête de l'État mais n'abdique pas formellement. La nuit du 14 au 15 avril, il quitte le pays afin, selon ses propres dires, d'éviter la guerre civile. Par la loi du 26 novembre 1931, les Cortès accusent Alphonse XIII de haute trahison et le déclarent déchu. (Cette loi sera annulée le 15 décembre 1938 par Franco.)

Ramiro Ledesma Ramos lance le journal *La Conquête de l'État* (vingt-trois numéros parus) qui manifeste pour la première fois publiquement une tendance fasciste espagnole. Son mouvement fusionne avec les *Juntas Castellanas de Actuación Hispánica* d'Onésimo Redondo et prend le nom de *Juntas de Ofensiva Nacional-Sindicalista* (JONS).

**1932 :** Soulèvement du général Sanjurjo.

**1933 :** Le *Partido Socialista Obrero Español* (PSOE) met fin à sa collaboration avec les Républicains ce qui entraîne le changement de gouvernement. Alejandro Lerroux organise un gouvernement plus centriste.

Novembre – décembre : élections générales. La Confédération espagnole des droites autonomes (CEDA) devient le premier parti aux Cortès par le nombre d'élus. Chef de la CEDA : José María Gil-Robles. Le Président demande à Lerroux de diriger le gouvernement alors que Gil-Robles s'attendait à le faire.

José Antonio Primo de Rivera, Julio Ruiz de Alda (aviateur) et le professeur Alfonso García Valdecasas constituent une nouvelle organisation qui s'intitule le Mouvement espagnol syndicaliste (MES) qui, sur proposition de Ruiz de Alda, prendra rapidement le nom de *Falange Española* (FE, qui signifie Foi en langue espagnole).

29 octobre 1933 : José Antonio Primo de Rivera, Julio Ruiz de Alda et Alfonso García Valdecasas organisent un rassemblement au Théâtre de la Comédie, à Madrid, sur le thème « d'Affirmation nationale ». Cette réunion est considérée comme l'acte de fondation de la Phalange puisqu'après avoir dénoncé l'échec de la démocratie libérale et vivement attaqué le matérialisme marxiste, José Antonio présente son programme en neuf points. Création dans la foulée d'une association destinée aux étudiants phalangistes qui s'appelle *Sindicato Español Universitario* (SEU).

**1934 :** José Calvo Sotelo est amnistié puis élu député.

Le 15 février, non sans difficulté car l'entente entre les deux hommes n'est pas évidente, la fusion de la Phalange avec les *Juntas de Ofensiva Nacional-Sindicalista* (JONS) s'organise et donne naissance à la *Falange Española de las JONS* (FE de las JONS). Le texte en vingt-sept points du programme de la Phalange est élaboré par le Conseil national qui comprend notamment Primo de Rivera et Ledesma Ramos. Ce programme est publié le 30 novembre. Il affirme la « *réalité suprême de l'Espagne* », une « *volonté impériale* » et le projet d'un « *État national-syndicaliste qui organisera corporativement la société espagnole* » tout en « *répudiant le système capitaliste* » et « *également le marxisme* ». Il « *incorpore le sens catholique — de glorieuse tradition et prédominant en Espagne — à la reconstruction nationale* ».

Au printemps, la gauche s'inquiète de l'entrée de la CEDA au gouvernement.

1er octobre : Lerroux fait entrer trois représentants de la CEDA dans le gouvernement. Le Parti socialiste espagnol (PSOE), dirigé par Francisco Largo Caballero et l'*Unión General de Trabajadores* (UGT) préparent une prise du pouvoir et multiplient les appels à la grève générale. L'ordre est rétabli mais des soviets sont organisés dans les Asturies. L'insurrection est matée par les troupes d'Afrique de Franco. Francisco Largo Caballero, Manuel Azaña et Lluís Companys parmi les plus importants sont arrêtés. Le socialiste modéré Indalecio Prieto, opposé à la ligne de Largo Caballero, préfère s'exiler en France.

Pilar Primo de Rivera y Sáenz de Heredia, sœur de José Antonio, née le 4 novembre 1907 à Madrid, est nommée déléguée nationale de la branche féminine de la Phalange espagnole, la *Sección Femenina*, fonction qu'elle occupera jusqu'à sa dissolution en 1977. La section avait adopté les figures d'Isabelle la catholique et de sainte Thérèse d'Avila comme modèles de conduite et d'action. En 1939, elle comptait 580 000 membres. Sous le régime franquiste, la *Sección Femenina* intégrée au *Movimiento*, conserva ses structures, son idéologie et son programme. En tant que membre de la première heure, Pilar ne perdit jamais sa vision de la Phalange comme organisation révolutionnaire, capable de transformer la société. Elle voyait en cette organisation, la possibilité d'accomplir la mission inachevée de son frère et la continuation d'un service engagé par son père au service de l'Espagne.

**1935 :** La participation de la CEDA au gouvernement permet à José Maria Gil-Robles de devenir ministre de la

Guerre et de nommer des généraux à des places importantes.

José Calvo Sotelo tente sans succès de prendre le contrôle de la Phalange.

En janvier, Ramiro Ledesma Ramos quitte la Phalange avec laquelle il se trouve en désaccord sur le fond et avec les moyens proposés par José Antonio pour combattre. Pour Ramiro « *Il faut se lancer dans la lutte quel que soit le résultat* » ; pour José Antonio « *Il faut d'abord essayer de convaincre* ». Ramiro relance les JONS et édite *La Patrie libre*, qui sera remplacée en 1936 par *Notre révolution*, dont il ne sortira qu'un seul et unique numéro.

**1936** : Gil-Robles demande au président Niceto Alcalá-Zamora de le nommer chef du Gouvernement mais le Président préfère dissoudre les Cortès.

Après une série de scandales financiers et de mœurs, le gouvernement de Lerroux lance en février de nouvelles élections. Le *Frente popular*, qui comprend des forces d'extrême-gauche, l'emporte grâce à la fraude (fraude dénoncée et prouvée dans un ouvrage paru en 2018 sous le titre *Fraude et violence*, produit par deux historiens : Roberto Villa Garcia et Manuel Álvarez Tardío).

Le nouveau président de la République est Azaña et son Premier ministre est Casares Quiroga. Le gouvernement, sans les Socialistes, entreprend des réformes à marche forcée, mais très rapidement les complots d'opposition reprennent et se multiplient. Les crimes politiques commis par des milices ouvrières se succèdent. L'État n'arrive pas à maintenir l'ordre.

En mars, les généraux lancent un putsch (qui se préparait depuis 1933). L'insurrection est prévue par Sanjurjo pour le 19 ou 20 avril. L'organisateur est le général

Mola (avec Cabanillas, Goded et Queipo de Llano) ; Franco hésite. Le gouvernement a découvert le complot et Mola est muté mais cela ne l'empêchera pas de continuer à comploter. Le 5 juin, il élabore un premier projet politique dont les principes reposent sur la disparition de la république et l'unité de l'Espagne. Dès juin, les contacts se tissent entre conjurés mais à cause des Carlistes qui exigent le retour à la monarchie, le complot est retardé.

Mola ne parvient pas à convaincre Franco. Quatre ans auparavant, pendant l'été 1932, lors du procès de Sanjurjo pour rébellion militaire et alors qu'il encourait la peine de mort, Franco s'était refusé à le défendre avec une phrase cruelle : « *Général, vous avez gagné le droit de mourir, non pas pour vous être soulevé, mais parce que vous avez échoué.* » Depuis lors, Sanjurjo le haïssait et c'est une des raisons pour lesquelles Franco se refusa à prendre part à ce complot.

13 juillet : C'est l'assassinat de Calvo Sotelo qui met le feu aux poudres. Les militaires décident de lancer le coup d'État les 17 et 18 juillet.

Ángel Herrera Oria convainc Juan March de déposer 50 000 pesetas dans une banque française. Cet argent permettra de financer la location d'un avion britannique (Dragon rapide) pour emmener Franco des Canaries au Maroc. Le soulèvement débute donc au Maroc le 17 juillet et gagne la péninsule dès le lendemain. Une partie de l'Espagne s'est ralliée (2/5). Le gouvernement républicain tente une conciliation avec les militaires. Le président Azaña propose un gouvernement de compromis qui ne sera accepté ni du côté nationaliste (Emilio Mola) ni du côté républicain (Francisco Largo Caballero).

## CHRONOLOGIE

Le 17 juillet, à Barcelone, la Confédération nationale du travail (CNT), mouvement anarcho-syndicaliste, et les militaires finissent par s'entendre ; à Madrid, le 20 juillet, la population lance un assaut contre la caserne de Montana et s'en empare.

Navarre, Castille, Léon, Galice, Andalousie, Aragon tombent ; le reste du pays : Madrid, Valence, Barcelone reste fidèle à la république. Le pays est coupé en deux tandis que les paysans collectivisent les trois quarts des terres et l'ensemble des biens de l'Église saisis. Les couvents deviennent des réfectoires pour miliciens, des écoles, des salles de bal, etc. Les autorités légales ont perdu tout pouvoir tandis que les syndicats et les partis de gauche installent, là où ils sont implantés, un nouveau pouvoir.

Le 27 août, trois colonnes se lancent à l'attaque. La victoire nationaliste à Talavera de la Reina ouvre la route de Madrid. Franco décide toutefois de faire obliquer les troupes vers Tolède où, depuis le 21 juillet, le général José Moscardó résiste à un siège lancé contre l'Alcázar. La bataille dure jusqu'à l'arrivée des troupes africaines du général José Enrique Varela, le 27 septembre. Il est accueilli par le colonel Moscardó dont les paroles : « *Sin novedad en el Alcázar, mi general* » (Rien de nouveau à l'Alcázar, mon Général) restées célèbres furent si bien rapportées par Henri Massis et Robert Brasillach dans leur livre : *Les Cadets de l'Alcázar*.

Le 29 septembre, Franco est élu par ses compagnons d'armes à la tête de l'armée et de l'État national.

14 mars : José Antonio est enfermé dans la prison Modelo de Madrid ; le 5 juin, il est transféré à la prison d'Alicante où il sera fusillé par les Rouges le 20 novembre, à l'âge de trente-trois ans, après une parodie de procès.

**1937** : Les Légionnaires français participent au refoulement de la XIV<sup>e</sup> brigade internationale. *La Bandera Juana de Arco* (cinq cents volontaires français environ furent dénombrés) est constituée et participe à la contre-offensive des généraux José Enrique Varela et Aranda. (Le mot « *bandera* » en langue espagnole définit une unité de la Légion étrangère espagnole.)

Après l'assassinat de José Antonio, Manuel Hedilla est nommé second chef de la Phalange.

19 avril : Un décret d'unification est signé dans lequel Franco et Serrano Suñer créent un nouveau parti qui s'intitule *Falange Española Tradicionalista y de las Juntas de Ofensiva Nacional Sindicalista* (FET y de la JONS) ; d'autres mouvements s'ajouteront à cette unification mais Hedilla, n'acceptant pas le poste de Secrétaire général qui lui est proposé par Franco, fut condamné à mort, finalement gracié mais emprisonné jusqu'en 1947.

**1939** : Le « *Caudillo* » installe son régime, soutenu par la FET, devenu le parti unique. L'Espagne sera un État « *catholique, social et représentatif* ». Au lendemain de sa victoire, après un *Te Deum* en l'église de Santa-Barbara, il déposa son épée devant l'autel en remerciant Dieu d'une telle victoire et prononça ces paroles : « *Seigneur, acceptez bénévolement l'effort de ce peuple qui fut toujours vôtre, qui, avec moi et en votre nom, a vaincu avec héroïsme l'ennemi de la Vérité en ce siècle.* »

**1969** : Franco choisit Juan Carlos de Bourbon comme successeur avec le titre de « Prince ».

**1975** : Le 20 novembre, le général Franco est rappelé à Dieu laissant à son pays un bilan plus que positif avec notamment une population augmentée de plus de neuf millions de personnes, une espérance de vie passée de 50 à 73 ans, la chute de la mortalité infantile, la création de l'assurance maladie, la diminution de l'analphabétisme, des revenus augmentés et des Espagnols devenus, pour 64 % d'entre eux, propriétaires de leur appartement ou de leur maison.

**1976 :** Avec l'accession au trône du petit fils d'Alphonse XIII, Juan Carlos, la monarchie des Bourbons est restaurée, mais aussi la démocratie. En effet, dès le 1er juillet, Juan Carlos démet de ses fonctions le Premier ministre, Carlos Arias Navarro, qui était en poste depuis l'assassinat de Carrero Blanco, et le remplace par Adolfo Suárez González. Bien qu'issu de la Phalange, celui-ci sera responsable de l'abandon des dispositifs qui avaient été mis en place par le précédent régime, dans le respect du *Movimiento*.

**1977 :** Tous les partis sont autorisés, y compris le Parti communiste, et les centrales syndicalistes de gauche sont légalisées.

Une élection est organisée en juin pour désigner les députés qui rédigeront la constitution qui aboutira au texte adopté par référendum le 6 décembre 1978.

**1981 :** Le 23 février, le lieutenant-colonel Antonio Tejero échoue dans sa tentative de putsch.

**2007 :** Sur proposition du Parti communiste, la loi de « Mémoire historique » est adoptée en décembre. Elle établit que les « écus, insignes, plaques et autres objets ou mentions commémoratives qui exaltent le soulèvement militaire, la Guerre civile ou la répression de la dictature » devront être retirés des édifices et espaces publics.

**2018** : Parution de cette édition en réponse à ceux qui veulent faire « table rase du passé ».

# TABLE DES MATIÈRES

| | |
|---|---:|
| Préface d'Alain Escada | 7 |
| Avant-propos | 11 |
| I. Le petit garçon aux yeux clairs | 15 |
| II. Tout près du Trône | 29 |
| III. La défense de l'Honneur | 45 |
| IV. Espagne... mon seul amour | 61 |
| V. Pour la Patrie, le Pain et la Justice | 89 |
| VI. La garde sous les étoiles | 107 |
| VII. Pour le Service et pour le Sacrifice | 131 |
| VIII. *Sine sanguine non fit remissio.* | 151 |
| IX. C'est par la mort qu'on arrive à la vie. | 165 |
| Appendice I. — Testament | 171 |
| Appendice II. — Sources | 177 |
| Postface d'Hélène Grimaldi | 179 |
| Chronologie | 185 |

Mai 2018
Reconquista Press
www.reconquistapress.com

www.ingramcontent.com/pod-product-compliance
Lightning Source LLC
Chambersburg PA
CBHW070551010526
44118CB00012B/1293